# 教師、支援者、親のための

# 境界知能の人の

# 特性と支援がわかる本

Umenaga Yuji | 梅永雄二

中央法規

はじめに

# いま「境界知能」の人が就労で困っている

## 「境界知能」の相談が増えている

私は「発達障害」の就労支援を専門としています。これまでに企業や就労支援機関、自治体、省庁、学校などから多くの相談を受けてきましたが、近年はそれらの相談のなかに発達障害の事例だけではなく、「境界知能」の事例も増えてきています。

境界知能というのは簡単に言うと、「知的機能が平均より低いけれど、知的障害には該当しない」という状態のことです。ＩＱ（知能指数）がおおむね70～84の範囲にある場合を境界知能と考えるのが一般的です。この境界知能に該当する人たちが、就労で困っていることが多いのです。

## トラブルが起きてから、境界知能がわかる

「就労や職場定着がうまくいかない」という相談を受けて話を聞いてみると、「困ってはいるものの、知的障害にも発達障害にも該当しないため、なんの支援も受けていない」というケースがあります。そのような境遇の人の支援に取り組むなかで、やがて境界知能だということがわかってくる場合があります。

それまでの家庭生活や学校生活では境界知能に気づかれておらず、就労のトラブルが起きてから、私のような専門家が本人の生育歴を聞いたり知能検査をおこなったりするなかで、初めて境界知能がわかるという場合があるのです。

## もっと早く支援すれば、問題は防げたはず

境界知能だということがわかれば、その理解にそってサポートをすることができます。境界知能だけでは障害者手帳が取得できず、障害者雇用を検討するのは難しいのですが、職場環境についての合理的配慮などを相談することはできます。

しかし現在は、本人が仕事でさまざまな失敗を経験してしまい、離職してから相談にくるという例が多いです。もっと早く支援すれば問題を未然に防げたはずなのですが、支援が遅れて、本人がすでに難しい状況に置かれているという例が多いのです。

## 学齢期から境界知能の支援をスタートしたい

本人が就労や職場定着に失敗し、傷つき、離職してから支援を始めるのでは遅すぎます。私は、境界知能の人は学齢期から支援を受け始める必要があると考えています。

境界知能の人の話を聞いていると、学齢期から、具体的には小学校2～3年生くらいから困難を感じ始めたという人が多いです。境界知能の人は勉強が苦手な場合が多く、小学校で九九を習うくらいの時期から、勉強面や生活面でうまくいかないことが増えてくるのです。

もしもその時点で支援をスタートすれば、その子の生活は変わります。早期からその子の能力や特性に応じた教育を行うことによって、学びやすい環境や働きやすい環境を整えていくことができます。そうすれば、働き始めてからさまざまなトラブルに見舞われ、離職を余儀なくされるような可能性は低くなるでしょう。

## 早期支援をおこない、将来のトラブルを予防する

本書は境界知能を早期に支援することの重要性をお伝えする本です。

**第1章**では、境界知能の事例を5つ紹介します。そして、**第2～第3章**で「境界知能とは何か」「どのような特性や課題があるのか」といった基礎知識や、「発達障害との違い」などについて解説していきます。**第4章**以降では「境界知能の疑いを感じたら、誰に相談すればよいのか」「学校や会社でどのような支援が必要になるのか」といった実用的な情報や「二次障害」についてお伝えします。

境界知能について理解し、早期に支援を始めれば、将来のトラブルを予防することができます。本書が境界知能の人たちの早期支援につながれば幸いです。

2024年9月

**梅永雄二**

教師、支援者、親のための
境界知能の人の特性と支援がわかる本

目次

## 第2章 「境界知能」とは

## 第3章 境界知能は「発達障害」とどう違うのか

## 第4章 困ったとき、誰に相談すればよいのか

第5章

# 学校や会社でどんな支援が必要なのか

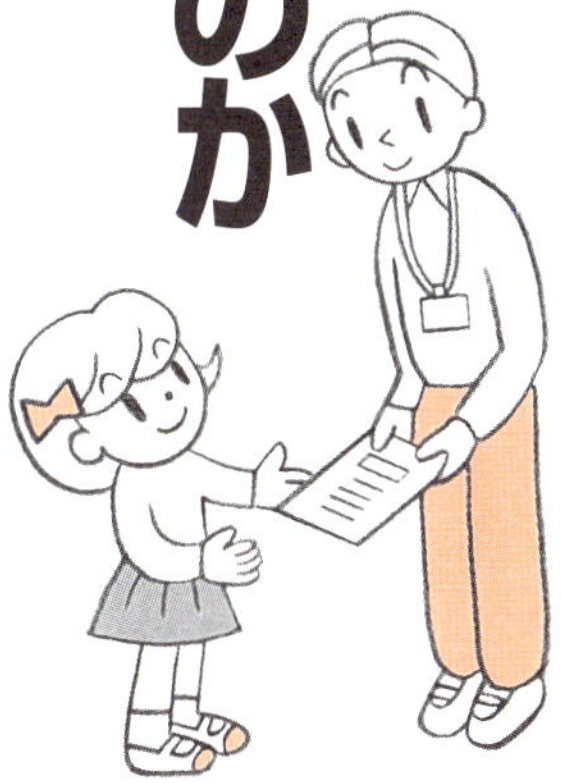

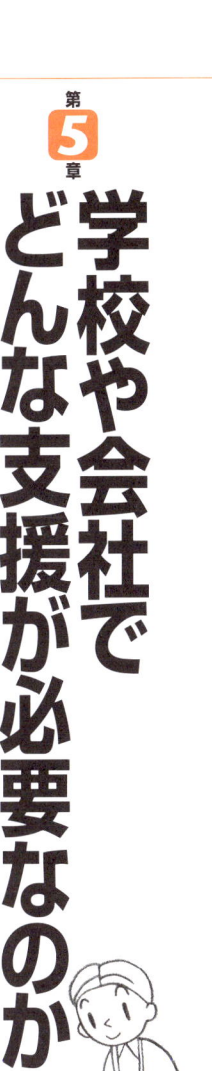

# 第6章 二次障害を防ぐためにできること

# 第1章

# 困っているのに助けてもらえない人たち

事例で知る 境界知能 1

# 問題が起きてから、相談がくる

## 企業から就労支援の相談を受ける

企業から「ミスの多い社員がいて困っている」という相談を受けることがあります。

典型的なパターンの1つが「最近入社した社員への指導がうまくいかない」という相談です。職場側は一定の指導をおこない、本人も自分なりに努力をしているものの、改善の見通しが立たないということで、私のところに相談にこられるのです。

本人や企業の担当者から「発達障害ではないか？」と聞かれることもあります。近年は企業の管理職や人事担当者などに、発達障害に詳しい人もいます。企業側が本人ともよく話し合ったうえで発達障害の可能性を考え、私たち就労支援の専門家に対応方法を聞きにくるというケースも増えてきているのです。

## 調べてみて、境界知能だとわかる

私はそのような相談を受けたら、本人や企業の担当者の話を聞きながら、必要に応じて心理検査などをおこない、本人の特性を理解していきます。

知的障害や発達障害があることがわかった場合には、その理解にそって以後の対応を検討します。そうした支援の過程で、知的障害や発達障害ではなく、境界知能に該当することがわかる場合もあります。

## それまでは、まったく支援を受けていない

境界知能だということがわかった人に生育歴を聞いてみると、「子どもの頃からまったく支援を受けてこなかった」と語る人が多いです。

本人は小学生のときから授業についていけなくて困っていたのに、親や先生に相談しても何もしてもらえなかった、という話になることがよくあります。それでも努力して高校や大学に進んだけれどうまくいかなかった、あるいは学校を卒業して就職したけれど仕事をうまくこなせなかったということで、支援につながってくるのです。

この章では、そのような事例を紹介していきます。境界知能の人の多くは子どもの頃から困っているの

に、周囲に助けてもらえていません。高校生や大学生、社会人になって問題が起きてから、ようやく支援につながるというケースが多いです。

本当は、もっと早い時期から支援を受けたほうがよいのですが、対応が遅れるケースが多いということを、事例を通してお伝えできればと思います。

## 就労支援の相談の流れ

**本人・企業からの相談**

「ミスが多くて上司によく叱られる」
「仕事がこなせなくて困っている社員がいる」
「管理職も困っている」

↓

**専門家によるアセスメント**

専門家が面談や心理検査などをおこない、
発達障害や知的障害があるかどうかを確認。
そのアセスメント（評価）にそって対応を検討する

↓ ある

**知的障害や発達障害がある場合**

障害者手帳の取得などを検討しながら、
就労支援を進めていく

↓ ない

**障害がない場合・境界知能に該当する場合**

障害者手帳の取得は難しい。
発達障害や知的障害とは別の対応になる

境界知能が
広く知られるようになり、
就労支援の現場で
境界知能に気づかれる
ケースが
増えてきている

# 嫉妬を抑えられず、傷害事件を起こしてしまった男子高校生

ケース 1

## 勉強が苦手で、同級生によくからかわれていた

男子高校生・Aさんの事例です。Aさんは小さい頃から勉強が全般的に苦手で、同級生によくからかわれていました。小・中学校の頃、友だち付き合いはできていましたが、授業にはついていけませんでした。国語や算数のような教科だけではなく、図工や音楽などの授業でも複雑な作業をこなすのが難しくて、うまくいかないことが多々ありました。

失敗する場面が多いためイライラしやすくなり、小学校高学年になる頃には、学校の先生や同級生たちから「キレやすい子」とみなされていました。本人は「小学校や中学校は楽しくなかった」と言います。

## 部活動やアルバイトもうまくいかなかった

高校は、勉強をがんばらなくても入れるところへ進学しました。最初のうちは部活動をしていましたが、やはりミスやトラブルが多く、退部してしまいました。接客業などのアルバイトにも挑戦しましたが、そちらも続きませんでした。数字を扱うことが苦手で、注文を受けるときや会計の際に、何度も失敗をしてしまったのです。

Aさんは高校の頃もやりがいのある活動を見つけ

られず、ストレスを感じることの多い、悶々とした日々を過ごしていました。

## イライラして、傷害事件を起こしてしまった

そしてある日、親戚付き合いの場で、Aさんは大きなトラブルを起こしてしまいます。自分よりも年下の子が両親や親戚に褒められて得意げに振る舞う姿を見て、嫉妬《しっと》を抑えられず、その子をカッターナイフで切りつけてしまったのです。小さな子に大怪我をさせ、救急車や警察を呼ぶような傷害事件になってしまいました。

事件をきっかけとして、Aさんと両親は児童相談所に相談をするようになりました。そして話し合いのなかで発達障害の可能性を指摘され、医療機関を受診。境界知能であることがわかりました。現在はさまざまな支援を受けながら高校に通っています。また、卒業後は就労支援を受けることを検討しています。

### ポイント解説

「勉強が全般的に苦手」「感情のコントロールが難しい」というのは、境界知能の人によく見られる特徴の1つです。境界知能の人には苦手なことを無理にやらせるのではなく、本人の能力や特性に合った課題を用意する必要があります。

[特性の詳しい解説→P036・038]

## いつから困っていたのか?

小学生時代
勉強が苦手だった
図工や音楽なども苦手
友だち付き合いはそれなり
キレやすい子だった
小学校高学年からキレやすくなり、問題の兆しは出ていた
中学生時代
勉強・部活ともに消極的
中学校でもキレやすかった
高校生（現在）
勉強・部活・アルバイトで挫折
親戚付き合いで傷害事件
支援を受け始める
事件を起こしてしまってから、支援を受け始めた
トラブルが起こり始めた小学校高学年頃から支援を受けていれば、傷害事件は防げたかもしれない

事例で知る 1 境界知能

# ケース 2 家庭にも学校にも居場所がなくて、遊び歩いていた女子中学生

## 塾に通っても成績が上がらなかった

Bさんは中学生の頃に境界知能だということがわかりました。現在は高校生になっていますが、中学生当時のエピソードを紹介します。

彼女は教育熱心な家庭に生まれて、小学校低学年の頃から学習塾に通っていました。しかし勉強は得意でなく、成績は周囲から期待されたほどには上がりませんでした。本人はその頃から劣等感を抱いていて、ストレスで体調を崩すこともあったそうです。

また、忘れ物や遅刻をすることがあり、親や学校の先生からよく注意されていたと言います。子どもで忘れ物が目立つ場合には発達障害のＡＤＨＤ（注意欠如多動症）の可能性も考えられますが、Ｂさんの忘れ物はそれほど頻度が高いわけでもなく、発達障害を指摘されることはなかったそうです。

## 家に居づらくなり、繁華街で遊び歩くように

その後も学習面でうまくいかないこと、叱られることが続き、Ｂさんは学校や塾で勉強に対して意欲を持てなくなっていきました。そのせいで成績は悪化。親に生活態度や学業不振をなじられ、家にも居づらくなってしまいました。やがて放課後は塾をサボり、自宅にも帰らず、繁華街で遊び歩くようになったのです。

街でさまざまな人と出会い、年上の友だちができました。おしゃれをして出かけると、その人たちはＢさんを褒めてくれました。親や先生とは違って、友だちは「かわいい」と言ってくれる。それが嬉しくて、Ｂさんは繁華街で多くの時間を過ごすように

なりました。街にいると、それまでのストレスが発散できたそうです。本人は当時のことを「初めて自分を認めてもらえた感じがした」と言います。

## 売春をして、補導されてしまった

Bさんは繁華街で小遣いをどんどん使いました。彼女には、後先を深く考えないところがあります。遊ぶお金はすぐに足りなくなり、Bさんは仲間にすすめられて「パパ活」を始めました。効率よくお金が稼げることを知って、行動範囲はさらに広がりました。しかしそんな生活が長続きするはずもなく、ある日、売春が発覚して補導されてしまったのです。

その後、児童相談所から心理検査を受けるようにすすめられ、境界知能であることがわかりました。親はBさんに勉強面でプレッシャーをかけすぎていたことを反省し、その後は本人のペースを大事にしています。現在は高校で、無理のないペースで学んでいます。

### ポイント解説

境界知能の人には勉強面だけでなく、遅刻など「生活面の課題」が見られることもあります。結果として叱責されることが多く、Bさんのように「自己肯定感が低い」状態になり、性的なトラブルに見舞われる人もいます。生活面でも支援が必要です。

［特性の詳しい解説➡P037］

## いつから困っていたのか？

小学生時代
勉強をがんばっていた
学習塾にも通っていた
でも成績は上がらなかった
体調を崩しやすかった
忘れ物や遅刻をしていた
小学生の頃からストレスによる体調不良があった
中学生の頃に売春で補導され、ようやく支援がスタート
中学生時代
勉強への意欲が減った
学校・塾に居づらくなった
家庭も居場所だと思えなかった
繁華街で遊び歩く
売春で補導
高校生（現在）
自分のペースで学習中
ストレスによる体調不良を学校や医療機関などに相談していれば、状況が改善した可能性がある

事例で知る 1 境界知能

ケース 3

# 就職後にミスが続き、境界知能だとわかった成人男性

## 「わかりました」と答えるが、理解できていない

Cさんは成人男性です。高校を卒業して、製造業の会社に就職しました。筆記試験や面接を受け、一般就労しています。会社側の話によると、面接ではしっかりと受け答えをしていて、問題はなかったそうです。ところが働き始めると、最初から仕事がうまくいかなかったと言います。

まず、コミュニケーションのトラブルがありました。先輩社員が業務を教えて「わかりましたか？」と質問すると、Cさんは「わかりました」と答えます。そのときは真面目な表情で、話をよく聞いているように見えるのです。しかし、実際に業務を担当させてみると内容を理解していなくて、作業を間違えてしまいます。最初は先輩社員も「まだ慣れていないから」と気遣って丁寧に指導していましたが、何度教えても同じことが繰り返されました。

## 時間の管理や身だしなみにも問題があった

また、そのような状況でもCさんは自分から質問をしたり、対策を講じたりすることができませんでした。本人は「指示を理解できているつもりだった」と言います。だから先輩に相談もしていなかったのですが、実態としては、業務に必要なコミュニケーションができていない状態でした。

Cさんは、簡単な挨拶や雑談などはできるのですが、作業工程の指示など、複雑な話にはついていけないことがありました。ほかにも、昼休みに外出先でスマホのゲームに夢中になってしまって、午後の

業務に戻るのが遅れるといった問題もありました。

また、身だしなみや持ち物が一般的なビジネスマナーにそぐわないという指摘も受けていました。仕事を続けていくうえで、いくつかの問題が生じていたのです。

### 境界知能だとわかり、サポートを受けるように

そこで本人と会社側で話し合いの機会を持ち、専門家による支援が必要ではないかということで、就労支援機関や私のところに相談にこられました。

会社の人事担当者は当初、発達障害の可能性を考えたそうです。しかし面談や心理検査をしてみると、境界知能だということがわかりました。

現在は合理的配慮として、支援者や会社側から「複雑な業務は分割する」「各工程に具体的な指示書を用意する」「ビジネスマナーのモデルを示す」といった形でサポートを受けながら、一般就労で業務を継続しています。

**ポイント解説**

Cさんは「物事の理解が表面的」で、よくわからなくても「わかりました」と答えてしまうところがありました。これも境界知能の人に見られる特徴の1つです。本人の理解力に応じた指示を出すことで、コミュニケーションのすれ違いは減らせます。

［特性の詳しい解説➡P034］

**発達障害との違い** 対人関係はつくれるが、徐々に崩れていく

発達障害の1つであるASD(自閉スペクトラム症)の人は、挨拶や雑談が苦手な場合が多いです。面接などの場面で、受け答えがすれ違うことがあります。また、対人関係を自分から広げようとせず、一人で行動したがる姿もよく見られます。

それに対して境界知能の人は、挨拶や雑談を問題なくできる場合が多いです。ただ、基本的な会話はできるのですが、話が複雑になると理解が追いつかなくなりがちです。対人関係には個人差がありますが、境界知能の場合、どちらかというと交流を求める人が多いかもしれません。挨拶や雑談ができるので、職場などでの付き合いもそれなりにできますが、仕事上のトラブルが続いて関係が徐々に崩れていくというケースがしばしば見られます。

## いつから困っていたのか？

| | |
|---|---|
| 小学生～高校生時代 | 勉強が苦手だった<br>友だちが少なかった |
| 社会人（現在） | 一般就労した<br>指示を理解できなかった |

高校卒業まで大きな問題はなく、就職後にトラブルが起きた

Cさんのように学生時代は課題が表面化しないケースもある。境界知能の支援は難しいが、「勉強が苦手」という悩みを放置しないことが重要になる

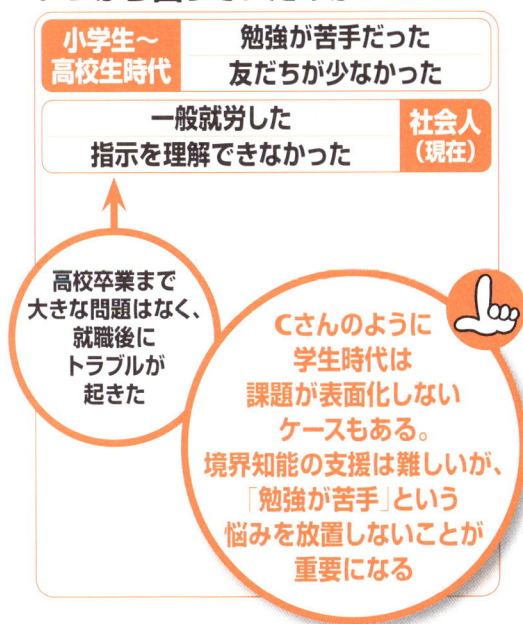

# ケース4 子育てで悩み、ネグレクトをしてしまった成人女性

## 女子のグループにうまく入れなかった

Dさんは成人女性です。彼女は子どもの頃から勉強も運動も得意ではなく、クラブ活動などをやってみても、熱中できることは見つからなかったと言います。

小学生の頃は、コミュニケーションに特に問題はなかったのですが、女子のグループに入って友だちと楽しくおしゃべりするのが苦手でした。会話のペースが早くなるとついていけなくなり、ほどよい受け答えができないことがあったのです。小学校高学年から中学生くらいの時期にはどのグループにも入らなくなり、休み時間を一緒に過ごすような相手はいないという状況になっていきました。

## 高校以降は「恋愛体質」の生活に

高校に入ってからは、女子の友だちと一緒にいるよりは、男子と遊ぶことが増えました。友だち付き合いよりも恋愛を求めるようになり、同級生から「恋愛体質」などと言われることもあったそうです。高校生になると、常に誰か付き合っている男子がいました。そのときどきの恋人から影響を受けて、ファッションを次々に変えていたと言います。

高校卒業後はフリーターになり、在学中から働いていたアルバイト先で、そのまま仕事を続けていました。家を出て、一人暮らしも始めました。そして仕事仲間の男性と同棲し、妊娠。Dさんは結婚するつもりでしたが、相手に逃げられてしまい、シングルマザーになりました。

## シングルマザーになり、子育てで悩んだ

Dさんの両親は、出産に反対していました。それもあって、Dさんは家族を頼ることができず、一人で子育てをしました。しかしアルバイトで生計を立てながら赤ちゃんを育てていくのは、簡単ではありませんでした。子どもが体調を崩したときにどうすればよいのかがわからず、パニックになることもありました。Dさん本人も体調がすぐれず、十分に子育てができないネグレクトのような状態になっていきました。

そしてある日、赤ちゃんを小児科に連れて行ったときに、親であるDさんの健康状態も心配だということで、自治体の子育て相談の窓口を紹介されました。その後、さまざまな支援者にもつながり、Dさん本人が境界知能に該当すること、二次障害としてうつの症状もあることがわかり、支援や治療を受け始めました。

### ポイント解説

Dさんは子育てで悩み、ネグレクトのような状態になっても、両親を頼りませんでした。境界知能の人には「援助要求（助けを求める力とされる）がうまくできない」という特徴がしばしば見られます。周囲の人から配慮して声をかけていく必要があります。

［特性の詳しい解説➡P039］

## いつから困っていたのか？

**小学生時代**
勉強・運動が得意ではない
グループでの雑談が苦手

**中学生～高校生時代**
女子のグループから外れる
男子との恋愛を楽しむように

**社会人（現在）**
一人暮らしをしながらアルバイト
出産してシングルマザーに
子育てに悩みネグレクト状態に

妊娠をきっかけとして、生活が苦しくなっていった

Dさんは学校では目立たない存在であった。彼女のように、支援につながりにくいケースは多いと思われ、社会に出てからつまづく一例である

# 先輩に誘われて、詐欺の「受け子」をやらされた男子大学生

ケース 5

## クラス内のポジションが低く、「使い走り」をしていた

最後は男子大学生・Eさんの事例です。彼もやはり小学生の頃から勉強が苦手だったそうです。テストの点数が毎回低かったり、調べものや発表のように自由度の高い学習課題がうまくこなせなかったりして、クラスのなかではいつも「できが悪い子」というポジションにいたと言います。クラス内のポジションが低かったせいか、中学生になると友だちに「使い走り」をやらされていたそうです。

Eさんは親のすすめで公立高校に進学し、大学も受験しましたが、志望校には合格できず、自分の学力でも受かった大学に入学しました。ただ、学びたいことがあるわけでもなく、親の助言で学部を選択。Eさんは主体性が低く、人に流されてしまう面がありました。

## 「闇バイト」に取り込まれ、逮捕されてしまった

大学では、先輩たちから誘われて複数のサークル

いいバイトあるよ
ホントだ!!
日当
10万円
YAMIバイト

に所属。飲み会などにもよく参加したのですが、そこでも周囲からさまざまな用事を押しつけられました。「都合よく使える学生がいる」という話が広まり、やがて犯罪グループに目をつけられ、いわゆる「闇バイト」に取り込まれてしまいました。「簡単に稼げる仕事だ」と話を持ちかけられ、言われるがままに身分証を提出してしまい、逃げられない状態になりました。Eさんは危険性を感じながらも、どうすることもできず、そのまま特殊詐欺の「受け子」を担当してしまったのです。

すぐに逮捕され、警察から家族に連絡がありました。大問題になり、大学は退学。サークルの先輩たちとの縁も切りました。その後、就労を目指してハローワークなどに通い始め、さまざまな相談をするなかで発達障害の可能性が出てきて、医療機関を受診。そこで境界知能がわかり、就労支援を受けるようになりました。

大学へ進む境界知能の人もいますが、判断力の乏しさから犯罪に手を染めてしまうこともあり得ます。

**ポイント解説**

特殊詐欺は犯罪です。多くの人は先々のことを考えて、そのような問題に関わることを回避します。しかし境界知能の人は、「先の見通しを立てるのが苦手」です。Eさんのように判断を誤り、犯罪加害者になってしまうこともあるのです。

［特性の詳しい解説➡P032］

## いつから困っていたのか?

**小学生時代**
- 難しい課題がこなせない
- クラス内で低いポジションに

**中学生〜高校生時代**
- 使い走りをやらされる

中学生の頃から使い走りをさせられていた

やきそばパン
クリームパン
メロンパン
3分で買ってこい!!


**大学生（退学）**
- 親のすすめで大学へ
- サークルで都合よく使われる
- 「闇バイト」に関わってしまう

その後もいいように使われ、犯罪に巻き込まれた

中学生時代、いじめのような状態だと考えて学校などに相談すれば、人間関係が改善したかもしれない

2 境界知能は気づかれにくい

# 「勉強ができないだけ」だと思われている

## 境界知能は理解されにくく、叱責されやすい

ここまでに5つの事例を紹介しました。

事例にもあったように、境界知能の人たちは子どもの頃から「勉強ができない」「友だち付き合いがうまくいかない」といったことに悩んでいます。うまくいかないことが多くて、自信が持てない場合が多いのです。いつも叱られたり、からかわれたりしていて、家庭や学校、友だちグループ、部活動、塾などを自分の居場所だと感じられないという人もいます。

どこにいても、何をやってもうまくいかない。本人は悩んでいます。しかし、知的障害や発達障害には該当しないのです。結果として、親や先生には「勉強ができないだけ」だと思われてしまいます。そして「努力不足」だと言われるのです。そう言われ続けて、本人も「自分が悪いんだ」と思ってしまうことがあります。自分を責め、メンタルヘルスが不調になる人もいます。境界知能の人は周囲に理解されにくく、叱責されやすいのです。

## 二次的な問題（二次障害）が起きる前に気づきたい

事例に登場した人たちは、小学生の頃から勉強が苦手で困っていたのに、特に支援を受けられませんでした。中学校や高校、大学、就職先へと進んでいくなかで、二次的な問題が起きてからようやく境界知能だと気づかれ、支援につながっていきました。どの人も最終的には支援を受けられるようになりましたが、それまでに事件を起こしてしまった例や、二次的な症状が出てしまっていた例もありました。私たちは、事例のような状態になる人を減らしていかなければいけません。そのためにはもっと早い段階で境界知能に気づき、支援をおこなう必要があります。

境界知能に気づくのは簡単ではありませんが、例えば、左記のような悩みがある場合には境界知能の可能性を考え、なんらかの支援機関に相談することを検討するとよいでしょう。

## 境界知能の人によく見られる悩み

勉強が全般的にできない
忘れ物や遅刻が多い
予定やお金の管理が難しい
1000
まわりの人にからかわれる
複雑な話になるとついていけない
話についていけなくても「わかった」と言ってしまう
うまくいかないことが多くてイライラする
努力しているのに「もっとがんばって」と言われる
困っていても人に相談できない
意見をうまく言えず流されてしまう
指示や命令をされると断れない
体調が悪くなることが多い

境界知能 2 は気づかれにくい

# 身体障害とは違って、困難が見えにくい

## 境界知能の特徴はあまり目立たない

境界知能はなぜ気づかれにくいのでしょうか。それは、境界知能の特徴が見えにくいからです。

私たちは車椅子に乗っている人を見ると、その人は立って歩くのが難しいのだろうとすぐに理解します。そのように、身体障害による困難は比較的見えやすいものが多いです。

それに対して知的障害や発達障害、境界知能の困難というのは見えにくいものです。例えば、本人が勉強を苦手として困っていても、その背景になんらかの特性があることは、表面的にはなかなか見えてきません。

それでも、知的障害の程度が重ければ勉強以外の場面でも困難が生じて、障害があることがわかってくるでしょう。また、発達障害の特性が強い場合には、例えば「読み書きだけが極端に苦手」といった特徴が見えてきて、障害に気づかれることもあります。

しかし境界知能の場合、特徴があまり目立たず、本人も家族も気づかないまま年齢を重ねていくことが多いのです。この章の5つの事例にあったように、なんらかのトラブルが起きてから、初めて境界知能に気づくということもあります。

## きょうだいとの比較で気づかれる場合もある

きょうだいがいる家庭では、比較的早期に境界知能に気づく場合があります。例えば、下の子に「勉強が苦手」「話が通じにくい」といった特徴があるときに、親が「上の子に比べて成長が遅い」と心配して、学校などに相談することがあります。それをきっかけとして知的障害や発達障害、境界知能がわかる場合もあるのです。

一方、親が下の子を心配しながらも境界知能には気づかず、「育て方が悪かったんだ」と自分を責め、「しっかり教えなければ」と考えてしまうこともあります。その結果、より厳しく指導するようになり、親子関係が険悪になるというケースもあります。なかには、親から「お姉ちゃんはできるのに、どうしてあなたはできないの」と何度も言われているうちに子どもが親を恨むようになり、家族関係が断絶し

てしまったという家庭もありました。

そのようなすれ違いを防ぐためにも「境界知能とは何か」「どのように理解・対応すればよいのか」を知っておく必要があります。

## 本人と家族の思いがすれ違う

本人は
勉強が苦手
生活面で失敗してしまう
対人関係がうまくいかない
対策がわからない 相談もうまくできない
これ以上がんばれない
自分はダメだ
「普通」にすることができなくて苦しんでいる
家族は
勉強を怠けている
生活面がだらしない
気配りが足りない
困ったら相談してほしい
やればできるはず
もっとがんばってほしい
「普通」にやればできると思って期待している
理解のポイント
境界知能に気づかず、家族が本人に「普通」を期待していると、その思いが本人を苦しめる
本人が困っているときに家族が「境界知能かも」と気づければ、すれ違いは解消していく

境界知能 2 は気づかれにくい

# 気づかないまま、問題に巻き込まれる

## 性の問題や犯罪につながってしまうことがある

境界知能の人は先の見通しを立てることや、複雑な話を理解することが苦手です。そのため、学校や会社などで失敗を経験することが多く、自己肯定感が低くなりやすいところがあります。**ケース1**の男子高校生は日頃うまくいかないことばかりで、イライラしやすくなっていました。その結果として、事件を起こしてしまいました。**ケース2**の女子中学生は、繁華街でできた友だちに褒められて、「初めて自分を認めてもらえた」と感じました。それが健全な交流になればよかったのですが、最終的には売春・補導という問題が起きてしまいました。

小さい頃から「どうしてできないの」「もっとがんばって」と言われて育った子は、家庭や学校を自分の居場所だと感じられなくなることがあります。努力しても否定される環境ではイライラしやすくなり、自分を認めてくれる人を求めるようになります。

しかし、その気持ちが**ケース2**や**ケース5**のように、性の問題や犯罪につながってしまうこともあります。行き場を失って追い詰められ、周囲の人に利用されてしまう場合もあるのです。早期支援ができれば、本人がそこまで追い詰められることはなかったでしょう。しかし現実的には、境界知能に気づかれないまま問題に巻き込まれていく人がいます。私たちは境界知能を理解し、そのような問題の発生を防がなければいけません。

### 支援不足によって起きている問題の例

**生活の問題**
- 非行
- 傷害事件
- 特殊詐欺など

**学習の問題**
- 学業不振
- 不登校など

**性の問題**
- 性被害
- 売春など

**就労の問題**
- 就職の失敗
- 早期離職など

**子育ての問題**
- 特定妊婦[*]
- 児童虐待など

[*] 児童福祉法第6条の3第5項「出産後の養育について出産前において支援を行うことが特に必要と認められる妊婦」と定義されている。予期せぬ妊娠や若年妊娠、貧困やDVなどが支援の対象とされ、自治体で認定される。

# 第2章

# 「境界知能」とは

境界知能 1 とは

# 知能検査で「ＩＱ70～84」となる状態

## ＩＱは平均以下だが「知的障害」でない

境界知能に早く気づくためには、境界知能とは何かを知っておく必要があります。しかし、実は境界知能というのは曖昧なもので、医学や教育学などの領域で明確に定義されていません。確固とした定義がないから、理解するのが難しいのかもしれません。

一般的には、知的機能が平均以下であり、かつ「知的障害」に該当しない状態を境界知能と考えます。知的機能が「平均」と「知的障害」の境界域にあるということで、境界知能と呼ぶわけです。

## 「ＩＱ70～84」が1つの目安になる

知的機能にもさまざまな定義がありますが、簡単に言うと、私たちが物事の認知や記憶、思考、判断、計画などに使っている機能のことです。知的機能を示す指標の１つにＩＱ（知能指数）があります。

ＩＱは平均値が１００になるように定められています。ＩＱだけで知的障害や境界知能を判断するわけではないのですが、目安としてはＩＱが85～１１４の間にある場合を「平均的な知的機能」、ＩＱが70未満の場合を「知的障害」と考えることが一般的です。その中間となる状態、つまり「ＩＱ70～84」というのが、境界知能を理解するうえでの１つの目安となります。ただし、先ほども述べたように境界知能には明確な定義がなく、文献によっては「ＩＱ71以上」「ＩＱ85以下」などと書かれていることもあります。

## 医学的には「境界線の知的機能」

医学の領域では、知的障害や発達障害の診療に国際的な診断基準が用いられています。主要な診断基

## 知的障害と境界知能

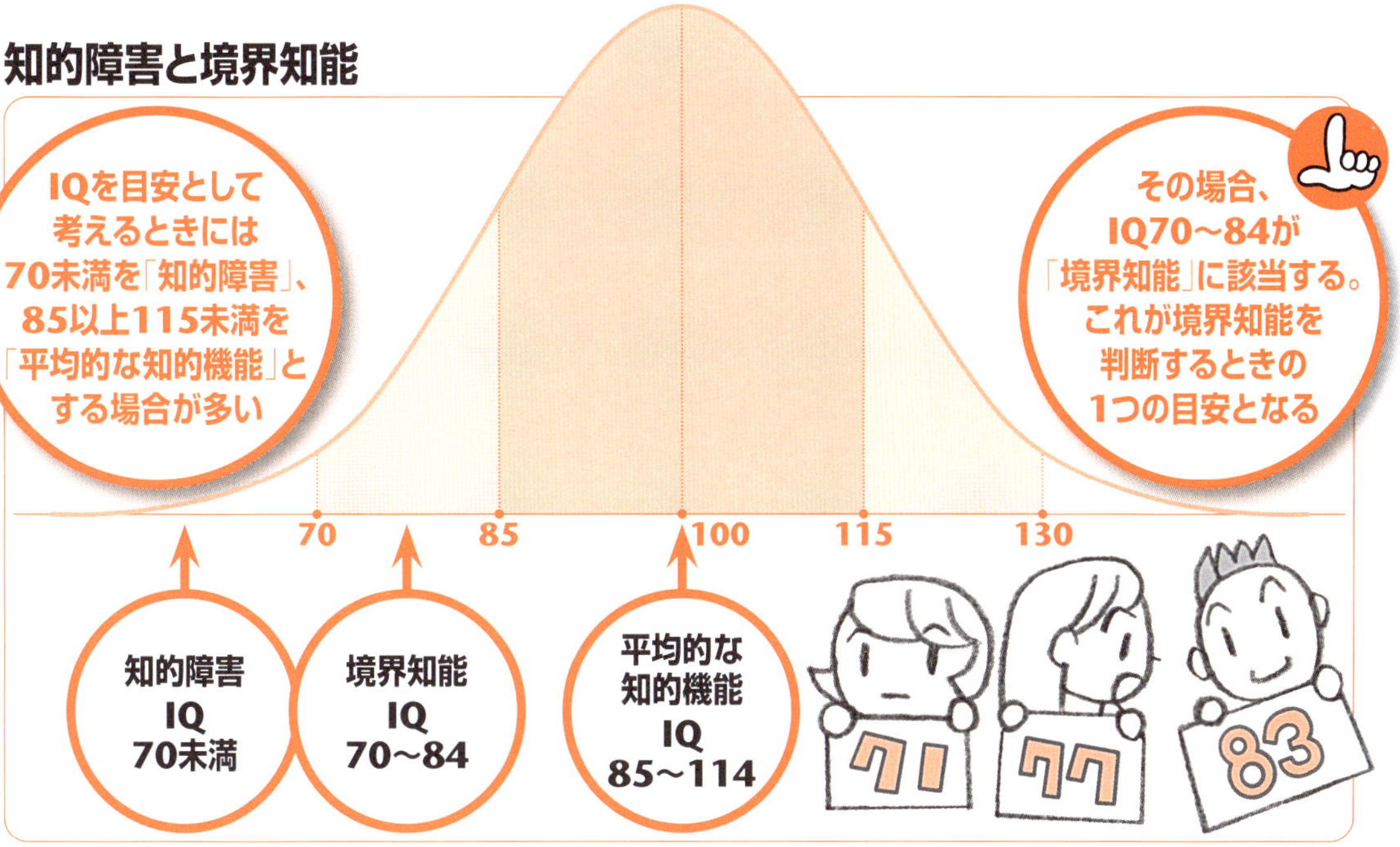

IQを目安として考えるときには70未満を「知的障害」、85以上115未満を「平均的な知的機能」とする場合が多い
その場合、IQ70～84が「境界知能」に該当する。これが境界知能を判断するときの1つの目安となる
70
85
100
115
130
知的障害 IQ 70未満
境界知能 IQ 70～84
平均的な知的機能 IQ 85～114
71
77
83


準である「精神疾患の診断・統計マニュアル（DSM*）」や「疾病及び関連保健問題の国際統計分類（ICD**）」には、知的障害・発達障害の具体的な診断基準が記載されていて、医師はその内容を参考にしながら診療をおこなっています。しかし境界知能は、それらの診断基準でも明確には定義されていません。

DSMやICDには「境界線の知的機能（BIF***）」という項目があります。これが境界知能に当たるわけですが、BIFは診断可能な病気・障害ではなく、注意が必要な状態として解説されています。そして、具体的な診断基準は示されていません。障害とは定義できないものの、場合によってはなんらかの対応が必要になるかもしれない状態。医学的には、境界知能はそのようにとらえられているのです。

### 目安はあるものの、具体的な定義はない

境界知能にはある程度の目安はあるものの、具体的に「これ」という定義は見当たりません。また、医学的な診断がつくこともありません。そのような状況に置かれていることが、理解や支援の遅れにつながっているのではないでしょうか。

* **DSM**：Diagnostic and Statistical Manual of Mental Disordersの略称。
** **ICD**：International Statistical Classification of Diseases and Related Health Problemsの略称。
*** **BIF**：Borderline Intellectual Functioningの略称。

境界知能1とは

# 特徴・特性は、軽度知的障害に近い

## 軽度知的障害に近い状態として考える

境界知能には医学的に明確な定義がないので、その特徴・特性についても統一的な定義はありません。ですから、境界知能の特性を解説するのは難しいのですが、私は、境界知能を軽度知的障害に近い状態だととらえると、その特性が理解しやすくなると考えています。

軽度知的障害は、知的障害のなかでも程度が比較的軽い状態です。ＩＱだけで判断されるものではないのですが、ＩＱを目安とした場合には、51～69の間にある状態を軽度知的障害と考えます。境界知能の目安はＩＱが70～84ですから、軽度知的障害と境界知能は非常に近いものなのです。

先に述べた国際的な診断基準のＤＳＭでは軽度知的障害の特徴として、同年代の人に比べて「読み書きや計算が苦手」「時間や金銭の管理が苦手」「対人関係やコミュニケーションに未熟なところがある」「抽象的な思考や実行機能、短期記憶が弱い」「感情や行動のコントロールが難しい」「日常生活で買い物や移動などに支援を必要とする」といったことが記載されています。境界知能の人にも、同様の特徴が見られることがあります。

## 困っているけれど、サポートは得られない

ただし、「時間や金銭の管理が苦手」といっても、管理がまったくできないというわけではありません。あくまでも同年代の人や平均的な人と比べたときに、苦手な部分があるということです。軽度知的障害の場合、その苦手さの程度が知的障害のなかでは軽いということになります。境界知能はそれよりもさらに軽い状態です。そのため、周囲の人から「それなりにできている」と評価されることもあります。

実はこの「それなりにできている」というところ

から、境界知能の人の苦労が生じています。境界知能の人は時間の管理などを人並みにこなすのは難しく、手助けを必要とすることがあります。しかし極端に苦手なわけでもないので、困難が周囲に伝わらず、それゆえサポートが得られません。その結果として「困っているけれど助けてもらえない」という状態に陥るのです。この微妙なバランスを知ることが、境界知能の理解につながります。

## 軽度知的障害の特徴

同年代の人と比べたときに、以下のような特徴が見られることがある

- 読み書きや計算を年齢相応に習得するのが難しい
- 日常生活（買い物、移動など）でサポートが必要なことがある
- 対人関係や会話に年齢相応の柔軟性がない
- 抽象的に考えることが難しい
- 時間や金銭などの管理が苦手
- 感情や行動のコントロールが難しい
- 実行機能（計画性や柔軟性など）が弱い
- 法律などの難しい情報を処理しきれない
- 短期記憶が働きにくい
- 複雑な仕事をこなすことができない

出典■診断基準「DSM-5-TR」の軽度知的障害の解説を参考に作成。

## 境界知能の特徴

境界知能でも、軽度知的障害と同様の特徴が見られることが多い

- 理解力・記憶力が弱い ➡P034
- 生活面の困り事がある ➡P037
- 援助要求がうまくできない ➡P039
- 先の見通しを立てられない ➡P032
- 勉強が全般的に苦手 ➡P036
- 感情のコントロールが難しい ➡P038

本書ではこれらを境界知能の特性として、各ページで解説していきます

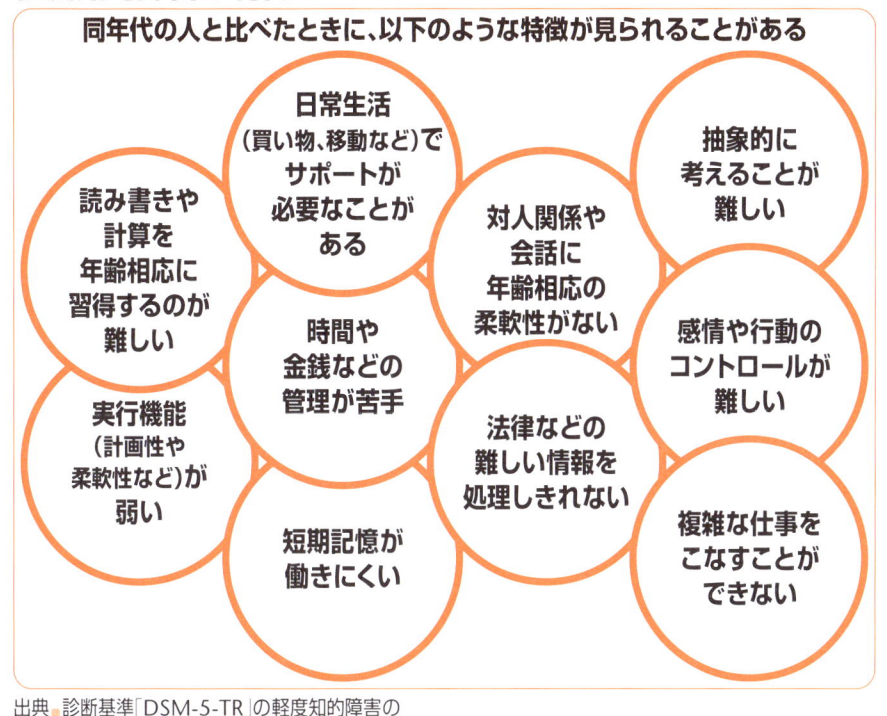

境界知能の特性 2

# 先の見通しを立てられない実行機能の弱さ

## 見通しを立て、適切な判断をするのが難しい

境界知能の人は「先の見通しを立てること」を苦手とする場合が多いです。

**第1章のケース5**では、男子大学生Eさんが特殊詐欺に関わってしまったエピソードを紹介しました。Eさんは、詐欺が犯罪だということはわかっていました。しかし、闇バイトの話を持ちかけられたときや、身分証明書の提出を求められたときに、その都度、先の見通しを立てて適切な判断をすることができませんでした。危ないと思いながらも、相手から「大丈夫だよ」などと言われ、もっともらしい説明をされると、そのまま流されてしまうのです。そして詐欺の「受け子」を実行する際には、もう引き返せなくなっていました。

## 「実行機能」の弱さが関わっている

先の見通しを立てて適切な判断をすることには「実行機能」が関わっています。実行機能とは脳機能の1つで、私たちがなんらかの課題や目的に向けて、自分の思考や行動をコントロールするときに働くものです。実行機能は、情報を得ることや計画を立てること、その計画を調整すること、そして遂行していくなど、さまざまな活動に関与しています。

実行機能の働き方には個人差があり、この機能が弱い人は、計画的な行動が苦手になりがちです。実行機能には知的機能と重なる部分も多く、知的障害や境界知能の人には、実行機能の弱さが見られることが多いです。境界知能の人が「先の見通しを立てるのが苦手」なのは、実行機能の弱さが関連しているのだと考えられます。

## サポートがあれば、判断ミスが減る

実行機能が弱い人は素早い状況判断ができなくて、人の指示を待ってしまうことがあります。そのようなことが続くと、まわりの人から「少しは自分で考えなさい」などと言われることもあります。しかし多くの場合、本人も「状況を理解しよう、自分で考えよう」と思っています。それでもうまくできない

から、困っているのです。
境界知能の人が判断や行動が遅れがちになっていたら、周囲の人がサポートをしましょう。スケジュール表などを使って先の見通しをわかりやすく示せば、計画的な行動が苦手な人も活動しやすくなります。

境界知能の人は悪い人に目をつけられ、利用されてしまうこともありますが、支援者に恵まれれば判断を誤ることが減り、自分のペースで活動できることもあるのです。

支援のポイント➡P099・100・101

## 実行機能とは

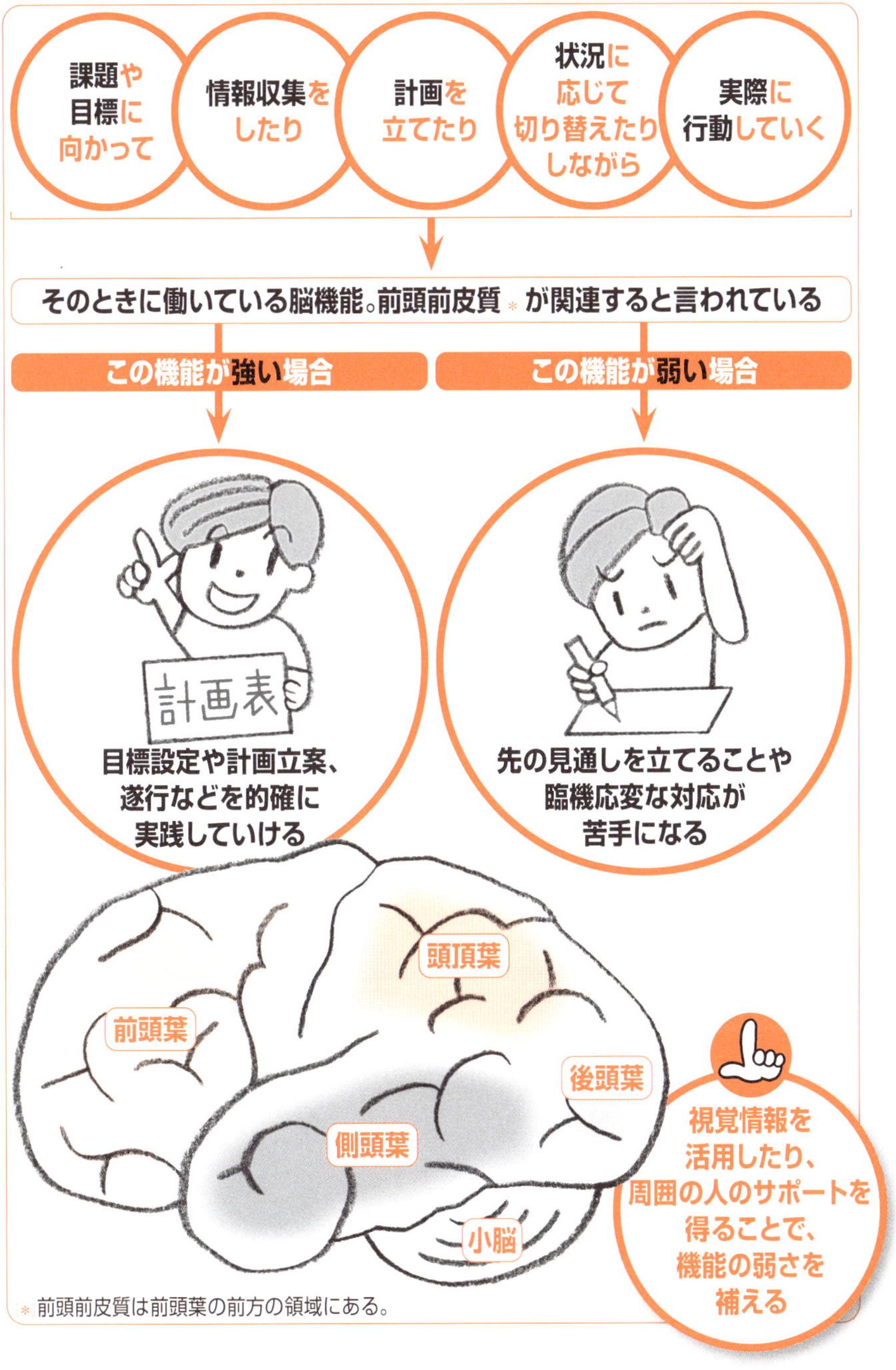

課題や目標に向かって
情報収集をしたり
計画を立てたり
状況に応じて切り替えたりしながら
実際に行動していく
そのときに働いている脳機能。前頭前皮質＊が関連すると言われている
この機能が強い場合
この機能が弱い場合
計画表
目標設定や計画立案、遂行などを的確に実践していける
先の見通しを立てることや臨機応変な対応が苦手になる
頭頂葉
前頭葉
後頭葉
側頭葉
小脳
視覚情報を活用したり、周囲の人のサポートを得ることで、機能の弱さを補える


＊前頭前皮質は前頭葉の前方の領域にある。

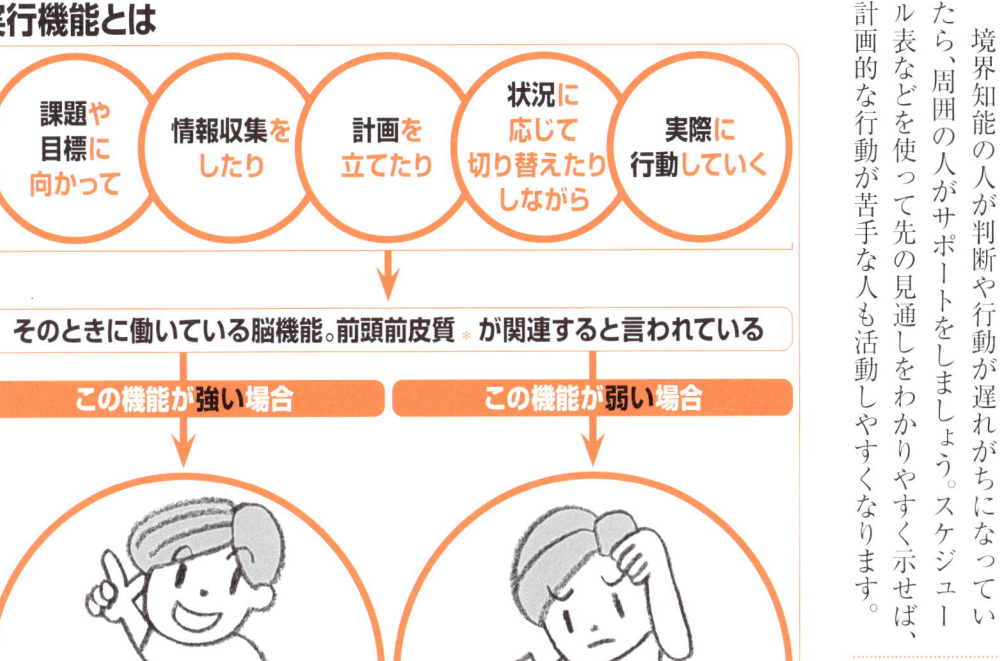

境界知能の特性 2

# 理解力・記憶力が弱い ワーキングメモリの弱さ

## 仕事の指示を十分に理解できない

**第1章のケース3**では、成人男性のCさんが仕事の指示を聞いて「わかりました」と答えるのに、実際には指示を理解していないというエピソードを紹介しました。

事例紹介でも少しふれましたが、Cさんは本当に指示を理解できたと思って「わかりました」と答えていたそうです。いい加減な受け答えをしていたわけではないのです。しかし、実際には理解が表面的で、指示を十分に把握できていませんでした。また、本人は問題ないと思っているので、先輩社員に質問や相談もしませんでした。そのため、コミュニケーションのすれ違いがいつまでも解消しなかったのです。

## 「ワーキングメモリ」が関連している

理解力や記憶力が弱く、複雑な話についていけないことがあるというのも、境界知能の人にしばしば見られる特徴の1つです。この特徴には「ワーキングメモリの弱さ」が関連しているのではないかと考えられます。

ワーキングメモリとは、情報を何秒間か短期的に記憶して処理する機能であり、実行機能の一部とされています。私たちは複雑な情報を処理する際には、このワーキングメモリを使っています。

ワーキングメモリが弱い人は複雑な情報の処理が苦手なので、Cさんのエピソードのように「人の話をしっかり聞いているつもりなのに、理解しきれない」といった問題が起こることがあります。その結果として話が食い違ったり、学習や仕事が十分に進まなかったりすることがあるのです。

## 叱責しても、事態は改善しない

ワーキングメモリが弱い人は、口頭の指示を素早く正確に理解するのは難しいかもしれません。しかし、そこで「話をちゃんと聞きなさい」と叱責しても、事態は改善しないでしょう。むしろ本人にプレッシャーをかけてしまい、質問や相談がしづらくなってしまいます。それではコミュニケーションがさらに減り、意思疎通はより難しくなっていきます。

それよりも、実際に作業を進めながら本人が理解できていないポイントを洗い出し、その点をよりわかりやすく伝えていくほうがよいでしょう。具体的には、長い言葉での指示は避け、文字や絵・写真など本人が理解できる形での指示を検討しましょう。

［支援のポイント➡P102・104・111］

## ワーキングメモリとは

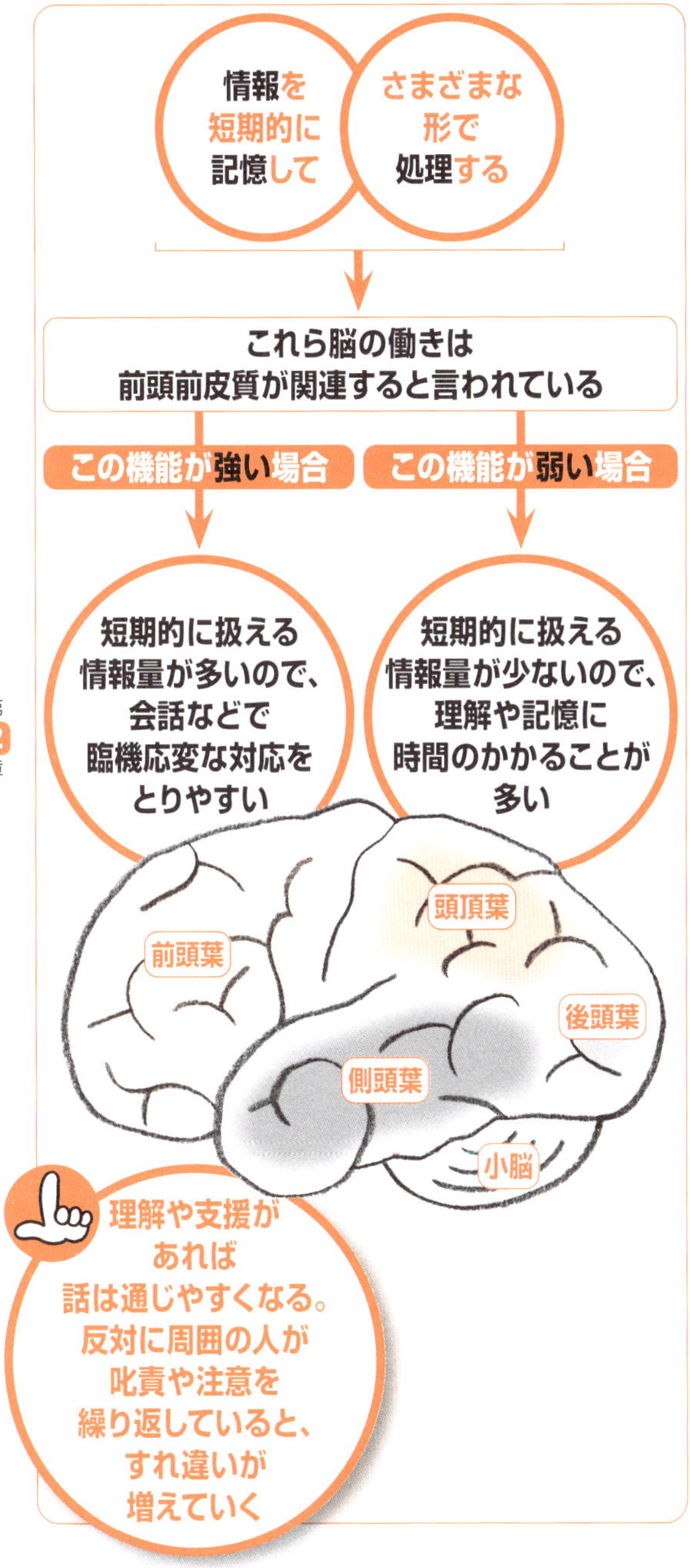

情報を短期的に記憶して
さまざまな形で処理する
これら脳の働きは前頭前皮質が関連すると言われている
この機能が強い場合
この機能が弱い場合
短期的に扱える情報量が多いので、会話などで臨機応変な対応をとりやすい
短期的に扱える情報量が少ないので、理解や記憶に時間のかかることが多い
前頭葉
頭頂葉
後頭葉
側頭葉
小脳
理解や支援があれば話は通じやすくなる。反対に周囲の人が叱責や注意を繰り返していると、すれ違いが増えていく


### 発達障害との違い ASDは常識にとらわれない

ASD（自閉スペクトラム症）がある人も指示を理解できないことがありますが、境界知能の人とは微妙な違いがあります。

境界知能の人では、例えば「待ち合わせの5分前に来なければダメだろう」と言われたときに「はい」と答えることがありますが、そうは言ったものの、なぜ5分前なのかが理解できていない場合があります。

一方ASDの人は、同じ状況で「どうしてですか」と質問することがあります。ASDの人は常識にとらわれないところがあり、本人が「時間ぴったりのほうが正しい」と考えている場合があるのです。理解力が弱いというよりは、考え方が違うのです。

ただ、どちらの場合も対応は同じです。より具体的に説明して、本人が理解・納得できるようにしましょう。例えば「5分程度の余裕を持って行動すれば、不測の事態が起きても対応できるから」と説明すると、話が伝わりやすくなることがあります。

境界知能の特性 2

# 勉強が全般的に苦手

## 国語・算数・理科・社会が苦手

これまでにも何度か述べてきましたが、境界知能の人には「勉強が苦手」という人が多いです。この点にも実行機能である計画の立案や遂行する力、そのなかのワーキングメモリの弱さが関連していると考えられます。

そして、特に国語や算数、理科、社会など座学中心の教科が苦手になりやすいところがあります。多いのは、小学校2～3年生になって算数で九九を習う頃から、授業についていけないことが増えてくるというパターンです。

一方、体育や音楽、図工など実技系の教科については個人差が出ます。境界知能の人には体を動かすのが得意な人もいれば、苦手な人もいます。

得意な教科もあって、本人がトータルで学校生活を楽しめていればよいのですが、学業不振によるストレスや劣等感が蓄積し、イライラしやすくなる人もいます。**第1章**の**ケース1**や**ケース2**のように、勉強ができないことのストレスを解消できず、結果として事件や問題につながってしまう場合もあります。ゲームや動画にハマってしまう人もいます。

勉強が苦手でも、人と比べずに自分のペースでコツコツ学習すれば、力は少しずつ伸びていきます。スマホやパソコンの活用によって補える部分もあります。勉強することがストレスにならないように、学習環境を整えることが大切です。

［支援のポイント→P098・107・110］

### 発達障害との違い　SLDは勉強の一部が極端に苦手

境界知能では勉強が全般的に苦手になるのに対して、発達障害の限局性学習症(SLD)[*]では読み書きや計算など、勉強の一部が極端に苦手になります。SLDには「書字障害」と言って、書き取りだけが苦手なタイプがあります。そのタイプの子は手書きでノートをとるのをやめて、パソコンのキーボードで入力すると、学習が問題なく進むことがあります。

境界知能の場合は、方法を切り替えるだけで学習が根本的に変わることはありません。ただし、計算機のアプリなどを使って苦手な部分を補うと学びやすくなることはあります。ツールの活用は、SLDにも境界知能にも有効な支援だと言えます。

[*]一般的にはLD(学習障害)と呼ばれることもありますが、本書では最新のDSMの診断基準に基づいて、SLD(限局性学習症)と記載しています。

境界知能の特性 2

# 生活面の困り事がある

## 時間やお金の管理、身だしなみなどが苦手

境界知能では、知的障害や発達障害に比べて、生活上の支障はそれほど大きくない場合が多いと言われています。それもあって、医学的な診断基準で病気や障害として定義されていないのかもしれません。とはいえ、境界知能の人にも生活面の困り事があります。よくあるのは時間の管理、金銭管理、身だしなみなどがうまくできないというケースです。**第1章**の**ケース2**の女子には忘れ物や遅刻の問題がありました。**ケース3**の男性にも遅刻があり、また、身だしなみなども問題視されていました。

これは勉強や生活に共通して言えることですが、平均的な人が10できることを、境界知能の人は8くらいできるというイメージがあります。見通しを立てる力や理解力、記憶力などが弱い分、学習や生活習慣の習得も、平均的な人に比べて少し弱くなると考えると、境界知能の人の困難を理解しやすくなります。

10分の8くらいはできるので、時間の管理などがまったくできないわけではありません。例えば時刻の概念は理解していて、時計も読めるけれど、時間の長さを意識するのが難しいという人がいます。待ち合わせはできるのですが、約束の時刻まであと何分となったときに、その「あと何分」を意識して行動することが難しいのです。不用意に買い物などをして、約束に遅れることもあります。

生活習慣については、一人でもできることがある一方で、少しサポートが必要なこともあるという場合が多いです。致命的な問題ではないので放置されがちですが、周囲の人が少し手助けするだけで、本人の困り事が大きく改善するケースがあります。

[支援のポイント➡P103・106]

境界知能の特性 2

# 感情のコントロールが難しい

## 失敗体験の積み重ねが関係している？

境界知能の人には、感情のコントロールが苦手な人も多いです。**第1章のケース1**に登場した高校生は衝動的に傷害事件を起こしてしまいましたが、彼もその一例です。また、感情をうまく表現できず、モヤモヤを自分で抱え込んでしまう人もいます。

しかし、感情のコントロールの困難が境界知能の特性なのかどうかは、定かではありません。境界知能の人がもともと苦手としている可能性もありますが、学校などで失敗体験を積み重ね、周囲の人にからかわれたりするうちに、感情を扱うのが苦手になっていくという側面もあるのではないでしょうか。勉強を一生懸命がんばっている。でもよい結果が出ない。同級生にはばかにされ、親や先生からは「もっとがんばれ」と言われる。そのような生活が続けば、自尊感情は損なわれていきます。精神的に不安定になり、感情のコントロールが難しくなる人もいるでしょう。

感情のコントロールについては、さまざまな要素が関わりながら二次的に大きくなってくる問題として考えたほうがよいのかもしれません。周囲の人がいつも本人の失敗を指摘していたら、安心して生活するのは難しくなるでしょう。そうではなく、できていることを評価する。周囲がそのような対応を心がけていれば、境界知能の人も自尊感情を保ちながら、落ち着いて暮らしていけるはずです。

［支援のポイント⇩P109・112］

**発達障害との違い**

### ADHDの衝動性は特性の1つ

境界知能の人にも衝動性が見られますが、それはフラストレーションなどの影響も受けながら、二次的に大きくなる問題だと考えられます。人によっては衝動性があまり見られないということもあります。

ADHD（注意欠如多動症）では、主な特性の1つに衝動性の強さがあります。ADHDの人は気になるものがあったら、パッと飛び出すような行動に出ることがあります。

境界知能の特性 2

# 援助要求がうまくできない

## いつ誰に相談すればよいのかがわからない

**第1章**の**ケース4**では、子育てで悩みながらも家族に頼れない女性のエピソードを紹介しました。境界知能の人には、困ったときに援助要求がうまくできないという状況がよく見られます。これも、もともとある特性というよりは、成長過程で身についてくることなのではないかと考えられます。

境界知能の人の話を聞いていると、本人から「困っていても、いつ誰にどうやって相談すればよいのかがわからなかった」という声が聞かれます。そのために、事態がますます悪化している場合があるのです。

この悩みには、いくつかの背景があります。1つは実行機能の弱さです。情報処理や状況判断が苦手で、相談先をうまく見つけられないのです。知り合いのなかから相談相手を探すことや、自治体などの相談窓口を調べることができなかったという話をしばしば聞きます。境界知能の人には、相談の仕方を丁寧に教える必要があります。

## 「人を頼ってはいけない」と考えている

もう1つ、過去の経験も関係しています。境界知能の人に生育歴を聞いていると「子どもの頃、親や先生に相談しても助けてもらえなかった」と語る人がいます。大人に何かを頼んでも「自分で考えなさい」などと言われ、突き放されたと言うのです。そのような経験を積み重ねた人は「人を頼ってはいけない」と考えるようになっていくそうです。

小さい頃に大人から突き放されたら、人を頼れなくなるのも当然です。しかし、人間は誰しも周囲の人に支えられて生きています。一人で何もかもできる人などいません。援助要求スキルを身につけるのは、社会で生きていくうえで欠かせないことなのです。

境界知能の人が困って相談をしてきたら、必ず話を聞いてください。本人が自分から相談できない場合には、周囲の人から話しかけるのもよいでしょう。そうやって子どもの頃から少しずつ援助要求を経験し、スキルを身につけていく必要があります。

［支援のポイント➡P105・113］

境界知能の特性 2

# 幼少期は無自覚で、思春期以降は隠そうとする

本人の気持ち

## 幼少期はまだ無自覚だが、違和感が出てくる

境界知能の人は「計画的な行動」や「複雑な情報の処理」などを苦手とする場合が多いわけですが、それは周囲の人に比べればうまくできないという話です。何もできないというわけではないので、本人が苦手だと自覚していない場合もあります。

特に幼少期には、自分の特徴・特性に気づきにくいでしょう。幼児や小学生の頃は、周囲の子どもも計画的な行動ができないことが多いです。難しい話はわからないという子も多いため、境界知能の特性はまだ目立ちにくいのです。

ただ、幼少期にも境界知能の子が集団活動などについていけなくて困っている場面はあります。例えば、保育所・幼稚園などで先生の話をうまく聞き取れず、活動に出遅れてしまうようなことがあります。小学校でも授業の内容が理解できないことなどがあります。

幼少期は、境界知能の特性にはまだ無自覚でありながらも、しっくりこない感覚や違和感を持ち始める時期だと言えるかもしれません。

## 思春期以降は、できないことを隠そうとする

境界知能の人は小学生から中学生、高校生へと成長していくなかで、学校の授業や集団活動などで失敗を経験することが多くなりがちです。そうした経験の積み重ねによって、思春期くらいから「自分はダメな人間だ」という気持ちが出てくることがよくあります。思春期は自分と他者との違いに敏感になっていく時期でもあり、劣等感が強くなりがちです。

知的障害や発達障害のある人は、その頃には障害の診断や判定を受け、医師から説明を聞いて、自分の特性を具体的に理解していくこともあります。そのため、自分と他者を必要以上に比較しなくなり、気持ちが安定する場合があるのですが、境界知能の場合には、医学的な診断が出るわけでもないので、そのような自己理解の機会がなかなかつくれません。

境界知能の人は「自分はダメな人間だ」という劣等感を持ちながらも、努力してみんなに追いつこうとすることが多いです。しかし、中・高校生くらい

になると、追いつくのも難しくなっていきます。そして、人並みにできないのは恥ずかしい、情けないと感じて、うまくできない面を隠そうとすることもあります。例えば、友だちとの会話についていけないときでも「そうだよね」などと返答して、取り繕おうとすることがあるのです。

そのような行為を「マスキング」と呼ぶことがあります。見せたくないものにマスクをするような行為という意味です。これは知的障害や発達障害の人にも見られますが、境界知能の人のほうがより多いかもしれません。

## 周囲の理解があれば、マスキングの必要はなくなる

しかし苦手なことを隠す、マスキングをすることを続けていたら、援助要求もできなくなってしまい

### 本人の気持ちの変化

幼児・小学生時代
困ることはある
違和感が出てくる
自分は「普通」だと感じている
がんばって追いつきたい
中学生・高校生時代
困ることが続く
劣等感が強くなる
恥ずかしさ・情けなさを感じる
できないことを隠したい
思春期を迎える前に、相談しやすい環境を整えたい。苦手なことがあっても大丈夫だと感じて安心できれば、恥ずかしさや情けなさは軽減していく

ます。

私は、親や学校の先生が子どもの特性を早く理解し、その子を早期にサポートすること、どんなことでも気軽に相談しやすい環境をつくっていくことが重要だと考えています。苦手なことを打ち明けてもからかわれたりせず、むしろ協力が得られる環境であれば、マスキングをする必要はなくなります。

## 「できないこと」が多いから困難を感じる

境界知能の人がマスキングをするのは、うまくできないことを隠したいからです。できないことが多くて困難を感じている。努力してもほかの人と同じようにはできず、情けないと思っている。そういう姿をからかわれたり、笑われたりしてきた経験があるから、できないことを隠して、自分を守ろうとしているわけです。

しかし、生活面の困り事の項目［P037］で解説した通り、境界知能の人は何もかもができないわけではなく、平均的な人の10分の8くらいのことはできている場合も多いです。できていることに目を向けて、自信を持つことも大切です。できていないことはサポートしてもらうようにすれば、困難を感じることは減ります。

最初は手助けしてもらうことを恥ずかしく思うかもしれませんが、サポートを得ることで失敗が減り、「うまくできた」と感じる場面が増えれば、支援を受けることへの抵抗感もやわらいでいくでしょう。

## 勉強面では目標を高くしすぎないようにする

「できないこと」を減らすためにはどうすればよいのでしょうか。ここでは、勉強面と生活面でのポイントを紹介します。

まず、勉強面のポイントは、目標を高くしすぎないことです。勉強をしていて「できない」と感じることが多いのは、目標や課題が合っていないからです。すべての人が高学歴を目指す必要はありません。一人ひとりに合った学びがあり、仕事があります。自分に合った目標や課題、学び方を探すことが大切です。

## 将来に備えて「ライフスキル」を身につける

そして生活面のポイントは、何もかもを自分一人でやろうとしないことです。自分の力でできることは実践する。自分一人でできないことは、人の手も借りながらやっていく。そうすることで、生活のなかで「できない」と感じることは減っていきます。

生活面のさまざまなスキルを私は「ライフスキル」と呼んでいますが、ライフスキルは勉強や仕事のベースとなるスキルです。自分の得意なこと・苦手なことを整理しながら、将来に備えて自分なりの「ライフスキル」を身につけていくことが重要です。

境界知能 2 の 特性

# 「ライフスキル」を身につけよう

チェックリスト

## 今後の対応を考えるためにリストを使う

ここに掲載しているチェックリストには点数がありません。このリストは「できること」「できないこと」を確認して、今後の対応を考えるためのものです。◎の項目はそのまま伸ばしていきましょう。○や△の項目は本書も参考にしながら、いろいろと試してみてください。

すべての項目を◎にする必要はありません。苦手な部分にはサポートが必要です。大事なのは本人が「できること」と「サポートが必要なこと」を理解し、必要に応じて援助要求できるようになっていくことです。自分の得意・不得意への理解が深まれば、できることは自分でやるようになり、必要以上に人を頼ることは減っていきます。

記入するのは本人でも家族でもかまいません。両者でそれぞれ記入してみて、認識が共通しているかどうかを確認するのもよいと思います。その結果を話し合うのもよいでしょう。客観的な評価を知ることで、本人の自己理解が深まる場合もあります。



## ライフスキル・チェックリスト1

ライフスキルがどのくらい身についているか、以下のリストでチェックしてみましょう。
各項目について、「自分でできる」「サポートがあれば自分でできる」「自分ではできない」のどれが当てはまるかを考え、記入してください。

◎ サポートなしで、自分でできる

○ サポートがあれば、自分でできる

△ 自分ではできないので、家族にやってもらっている

| スケジュール管理 | |
|---|---|
| 決まった時間に起床・就寝する | |
| 学校・会社などでのスケジュール作成 | |
| 予定通りに行動する・約束を守る | |
| 翌日や翌週の予定を事前に確認する | |
| 天気予報を確認・対応する | |
| 余暇活動のスケジュールを立てる | |
| 休日や長期休みに生活リズムを保つ | |

| 金銭管理 | |
|---|---|
| お金を計画的に使う | |
| 貯金をする | |
| 小遣いや遊興費を適切に使う | |
| ATMや電子マネーを適切に使う | |
| 日用品や食材などの買い物をする | |
| 公共料金の支払いをする | |

## ライフスキル・チェックリスト2

◎ サポートなしで、自分でできる

○ サポートがあれば、自分でできる

△ 自分ではできないので、家族にやってもらっている

### 勉強・仕事

- 授業や業務に予定通り参加する
- 宿題や課題を期日までに提出する
- 修正の指示を受け入れる
- 臨機応変に人を手伝う
- 申込書などに記入・提出する
- 学校や会社でルールを守れる
- 休憩を適切にとれる

### コミュニケーション

- 人に会ったとき・別れるときに挨拶する
- 雑談をする
- わからないことを質問する
- できないことに協力や援助を求める
- 不要な勧誘を断る

### 健康管理

- 朝・昼・晩に食事をとる
- 手洗い・うがいをする
- 入浴する
- ストレスを解消する方法がある
- 体調不良に対応する（休養や医療機関の受診）

### 持ち物の管理

- 持ち物を準備する
- 貴重品をほかのものと分けて管理する

### 外出・移動

- 電車やバスなどの公共交通機関を利用する
- 急用の際にはタクシーなどを利用する
- トラブルで移動が遅れるときには連絡する
- 出かける前に施錠する

### 生活習慣

- 洗濯をする
- 掃除をする
- 自分の部屋を片づける
- ゴミを分別して収集所に出す
- 電球などの消耗品を補充する

### 身だしなみ

- 洗顔・歯みがきをする
- 髪型のセット・ひげそり・化粧をする
- 理美容室で髪をカットしてもらう
- 爪切り
- TPOや季節に合った服装を選ぶ
- 外出着と部屋着・パジャマを使い分ける

オレンジの文字の項目は、境界知能の人から「一人でやるのは難しい」と聞くことが多い項目です。スケジュール管理や金銭管理などは特に難しいため、◎がつかなくても悲観せず、サポートを得ながら対処していきましょう

一方、黒文字の項目のうち、特に日常的な生活習慣や身だしなみなどは、境界知能の人が一人で十分に実践できている場合も多いです。△がついていても、教え方・学び方次第で本人ができるようになる可能性もあるので、試行錯誤を重ねてみてください

第3章

# 境界知能は「発達障害」とどう違うのか

# 境界知能と「発達障害」の違い

## 境界知能は かつて軽度知的障害だった

**第2章**で国際的な診断基準に境界知能の定義はないと述べましたが、実は1952年に発表された「DSM」の第1版では、IQ70~85は軽度知的障害と考えられていました。しかしその後、規定が変わっていき、1980年の第3版以降、いわゆる「境界域」は知的障害とは分けて考えられるようになりました。

現在のDSMでは、境界知能と知的障害は別々に記載されています。最新の第5版では、境界知能は「臨床的関与の対象となることのある他の状態」に分類されています。病気や障害ではないけれど、状況によっては「臨床的関与」、つまり診療の対象となる場合もあります、という書き方になっているのです。

現在でいう境界知能は、かつては知的障害の一部とみなされていましたが、その後、明確な障害というよりは、注視する必要がある状態だと考えられるようになったわけです。

## 現在は 医療・福祉の対象となっていない

一方、知的障害はDSMやICDに明確な診断基準が記載されています。発達障害も同様です。そのため、知的障害や発達障害は医療機関で診断を受けることができます。境界知能は医学的な診断が出ないため、基本的に医療の対象とはなりません。

日本には、障害のある人への福祉制度の1つに障害者手帳の仕組みがあります。手帳の取得により、さまざまな優遇措置や福祉サービスを受けられます。知的障害や発達障害があると判定されれば手帳を取得できますが、境界知能だけでは原則として手帳を取得できません。境界知能は福祉の対象にもなりにくいのです。

これが境界知能と、知的障害・発達障害の大きな違いの1つです。境界知能は、現在では基本的に医療や福祉の対象となっていません。しかし、**第1章**の事例でもわかる通り、生活のなかで支援を必要とする場面はたくさん見られます。その点では、知的障害や発達障害と共通するところがあるのです。

## 境界知能・知的障害・発達障害

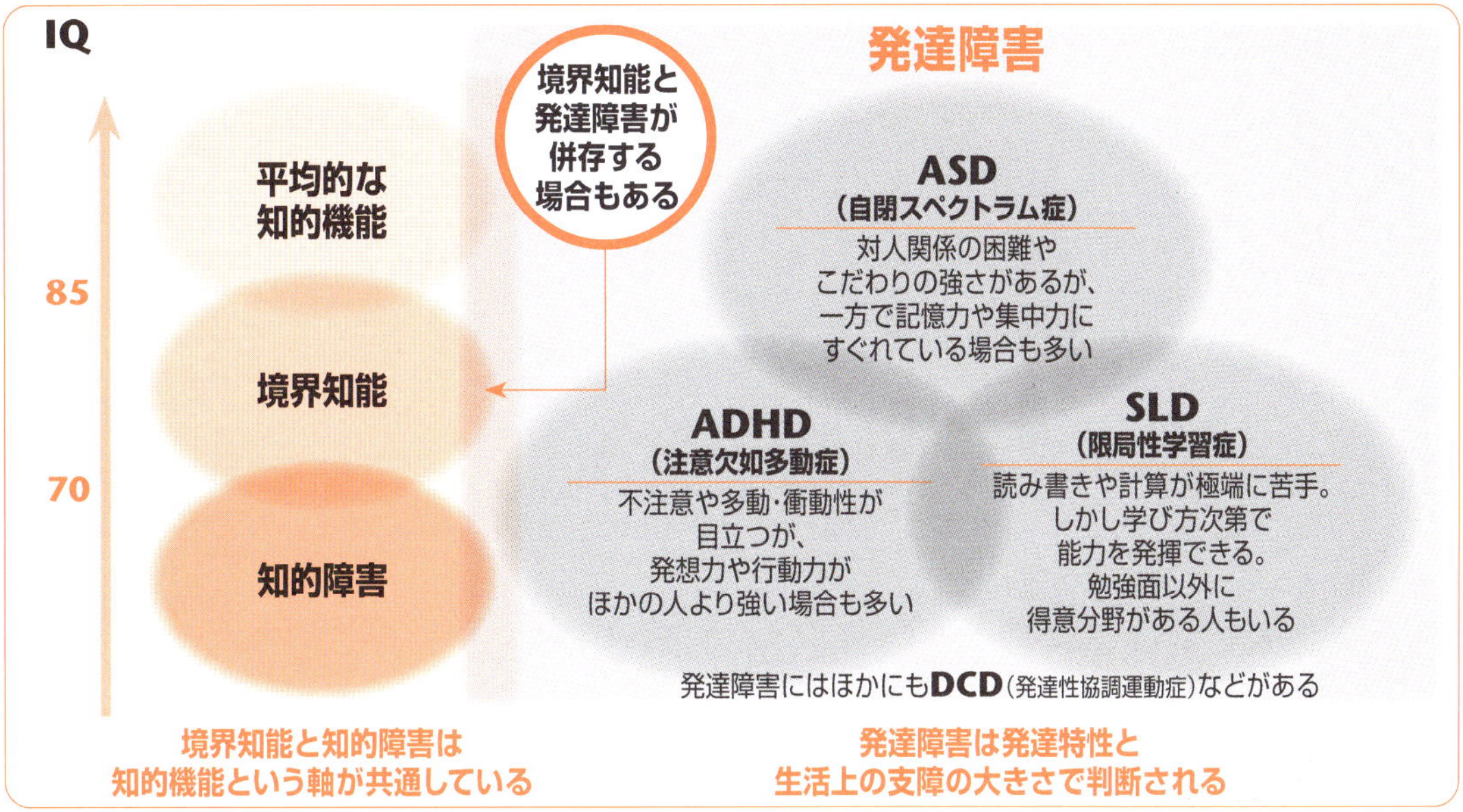
IQ
85
70
平均的な知的機能
境界知能
知的障害
境界知能と発達障害が併存する場合もある
発達障害
ASD
（自閉スペクトラム症）
対人関係の困難やこだわりの強さがあるが、一方で記憶力や集中力にすぐれている場合も多い
ADHD
（注意欠如多動症）
不注意や多動・衝動性が目立つが、発想力や行動力がほかの人より強い場合も多い
SLD
（限局性学習症）
読み書きや計算が極端に苦手。しかし学び方次第で能力を発揮できる。勉強面以外に得意分野がある人もいる
発達障害にはほかにもDCD（発達性協調運動症）などがある
境界知能と知的障害は知的機能という軸が共通している
発達障害は発達特性と生活上の支障の大きさで判断される

### 知的障害と判定される場合がある

知的障害は医療や福祉の現場で、知的機能と適応機能の程度によって判断されます。知的機能は標準化された知能検査によって確認されることが多いのですが、知能検査の結果だけでは知的障害を判断できません。適応機能もよく検討する必要があります。適応機能というのは簡単に言えば、日常生活のさまざまな場面で適応的な行動をとる機能のことです。これら2つの機能をよく確認する必要があるのです。

例えば、IQが70～84の間にあり、IQだけで見れば境界知能と考えられる状態でも、適応機能が低ければ知的障害と判断されることもあります。境界知能と知的障害の区別には曖昧な部分もあるわけです。IQでは境界知能に該当する状態でも、知的障害の診断や判定が得られれば支援を受けやすくなります。

### 発達障害が併存することもある

境界知能の人に、発達障害が併存することもあります。IQが境界知能に該当し、ASDやADHD、SLDなどの特性があるという人もいるのです。この場合も、発達障害の診断が出れば支援を受けやすくなります。

境界知能のみに由来している本人の困り事は、社会の制度ではカバーできていない現状があります。

境界知能と発達障害 1

# 学校・会社でどんな問題が起こるのか

## スキルの使い方に違いが出やすい

境界知能の人と発達障害の人には、日常生活のなかでもさまざまな違いが見られます。その1つにスキルの使い方の違いがあります。

私たちが普段家庭や学校、会社などで使っているスキルは、大きく2つに分けることができます。1つは「ハードスキル」です。知識や技術など、勉強・仕事に直結するスキルのことを言います。もう1つは「ソフトスキル」で、これはコミュニケーションや生活習慣など、さまざまな活動のベースとなるようなスキルのことです。

この2つのスキルの使い方や、それによって起きてくる問題が、境界知能の人と発達障害の人では違う場合があります。個人差もあるのですが、ここでは就労支援の現場でよく見られる違いを紹介します。

## 発達障害は「ソフトスキル」の課題が目立つ

発達障害、とりわけASDの人は、どちらかというと「ソフトスキル」の課題が目立ちやすいという特徴があります。例えば、「仕事の知識は豊富だけど、物言いが失礼」という仕事ぶりになることがあります。一方で、得手不得手がはっきりしていることが多いため、学校や会社で得意なことに取り組んでいるときには、知識や技術などの「ハードスキル」が身につきやすい場合があります。

そのような場合には、ソフトスキルの不足を補う対応が必要となります。本人には知識を活用して資料を作成してもらい、取引先との打ち合わせはほかの社員が主に担当するというような工夫ができれば、問題は起こりにくくなるでしょう。

会社によっては、特性をふまえて、配属を変更して対応するなどのケースがあります。対人関係が苦手な人には、他者との関わりが少ない部署で力を発揮してもらおうと考える会社もあるのです。

発達障害の1つであるSLDの人の場合は、読み書きをあまり必要としない仕事を選べば、問題なく働けることがあります。私が支援してきた人のなかには、SLDの特性があって読み書きが苦手なものの、運送業の仕事に就き、無事故無違反でしっかりと働いている人もいます。

## 境界知能は どちらのスキルもやや低め

境界知能の人にも「ソフトスキル」の課題はありますが、同時に「ハードスキル」でも課題が出てきやすいという特徴があります。

これまでにも解説してきた通り、境界知能の人は勉強が全般的に苦手です。職場でも複雑な情報を扱うこと、特に短時間で情報を処理することは苦手になりがちです。業種や職種にもよりますが、ハードスキルを十分に習得するのが難しい場合があります。

ソフトスキルも同様で、内容が高度になるとついていけなくなる場合があります。例えば平常時には業務連絡を一定の形でこなせるものの、トラブルが起きて各部署から多様な連絡がくるようになると、対処できなくなるという人もいます。

境界知能の場合、ハードスキルもソフトスキルも、全体的に平均よりもやや低めの水準になりがちです。発達障害のように得意なことを生かしながら苦手を補うというよりは、目標を全体的にやや低く設定するほうがよいでしょう。

### ハードスキルとソフトスキル

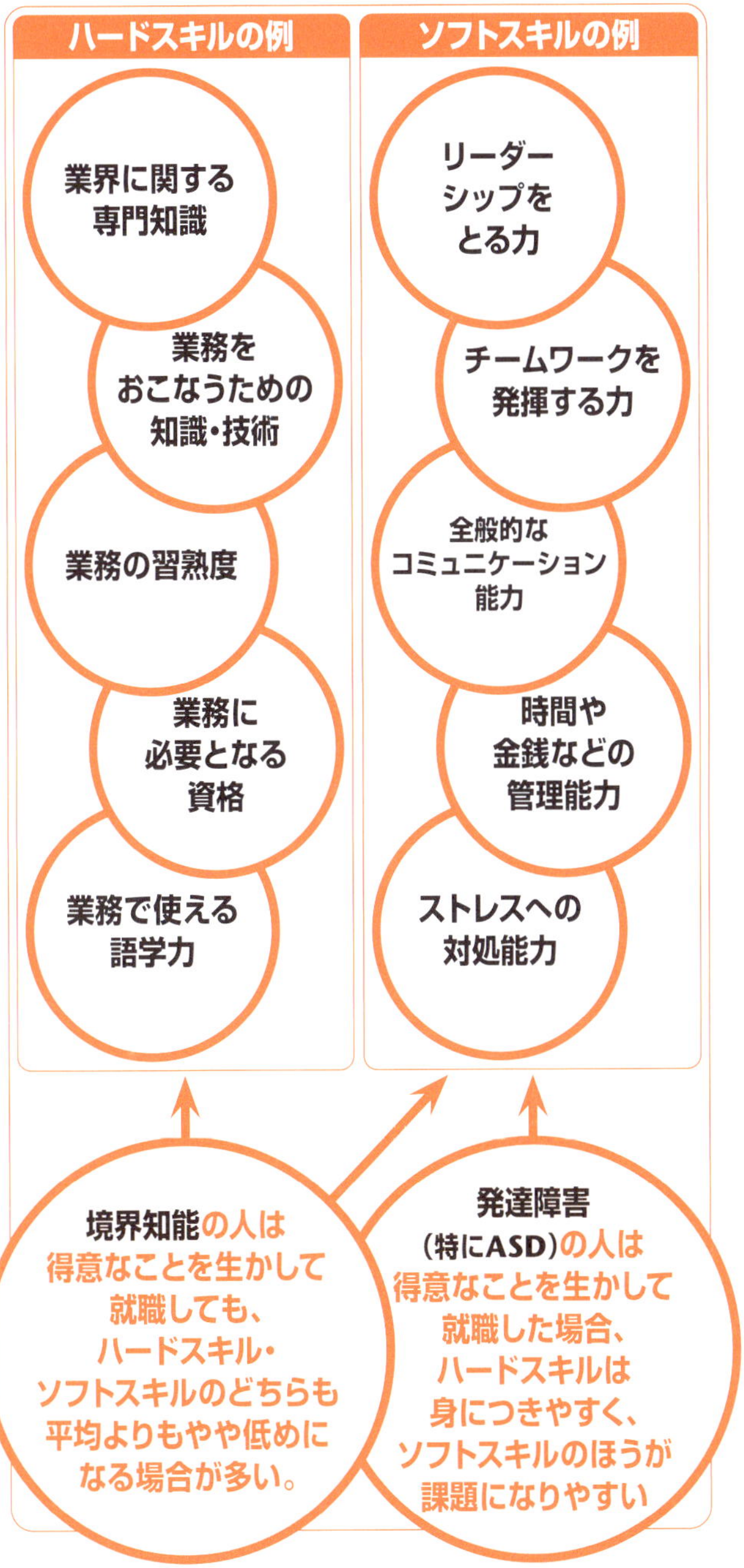
ハードスキルの例
業界に関する専門知識
業務をおこなうための知識・技術
業務の習熟度
業務に必要となる資格
業務で使える語学力
ソフトスキルの例
リーダーシップをとる力
チームワークを発揮する力
全般的なコミュニケーション能力
時間や金銭などの管理能力
ストレスへの対処能力
境界知能の人は得意なことを生かして就職しても、ハードスキル・ソフトスキルのどちらも平均よりもやや低めになる場合が多い。
発達障害（特にASD）の人は得意なことを生かして就職した場合、ハードスキルは身につきやすく、ソフトスキルのほうが課題になりやすい

# 学校生活 小学校2～3年生から困難が見えてくる

## 境界知能の人には3つの課題が生じやすい

境界知能の人はハードスキルやソフトスキルの水準がやや低めになり、就労支援を必要とすることがあります。私はそのような相談をよく受けているのですが、本人から生育歴を聞くなかで、境界知能の人には大きく3つの課題が生じやすいことを理解しました。それは❶**学校生活での困難、**❷**メンタルヘルスの問題、**そして❸**就労での困難**です。ほかにも友だち付き合いや金銭管理などさまざまな課題がありますが、主要な課題はこの3つです。

❶～❸の課題は連動しています。❶学校生活での困難が続けば、❷メンタルヘルスの問題が起こりやすくなります。それによって家庭や学校での生活が不安定になれば、将来的に❸就労での困難にもつながります。私は❶～❸の課題がすべて発生してしまったケースを支援することがありますが、本人の話を聞いていると、もしも❶の段階で早期に支援をおこなっていれば、❷❸の課題は予防できたのではないかと感じます。

## 九九を学ぶ頃から、勉強面の困難が拡大していく

これまでにも述べましたが、境界知能の人は小学校2～3年生くらいで九九の勉強が始まる頃から、次第に授業についていけなくなることがあります。多くの場合、それが❶学校生活での困難の始まりとなります。しかし、その段階で本人や親、学校の先生が危機感を持つことは少ないでしょう。おそらくこの本を手に取ったみなさんも、小学校2～3年生が九九を覚えるのが遅くても、それほど深刻にはとらえないのではないでしょうか。

もちろん、その後よく勉強をして、九九を身につけていく子もいます。しかし、そこから学業不振がどんどん悪化していく子もいます。九九に続いて算数全般がわからなくなり、さらには国語で漢字の読み書きにつまずき、理科や社会にもついていけなくなるという子もいるのです。境界知能の子は、そのような経過をたどることが多いです。

「九九が苦手」という課題がその後拡大し、勉強全般の困難となった場合には、境界知能やSLD、

軽度知的障害の可能性が考えられます。しかし**第1章**でも述べたように、そういう子は「勉強ができないだけ」だと思われて、放置されがちです。

近年は勉強が苦手でも高校や大学に進学しやすい環境になってきています。学力が上がらなくても進学はできるということで、課題が見過ごされることがあります。しかし、そうして先送りされた問題が、❷メンタルヘルスの問題や❸就労での課題につながっていくのです。

## 3つの課題

就労支援は❸の段階からスタート。しかし本人は❶❷の段階でも支援を必要としている

### 1 学校生活での困難

最初に表面化するのが勉強面の困難。小学校2〜3年生で算数や国語などが苦手になり、授業についていけない場面が増えてくる

### 2 メンタルヘルスの問題

勉強面の困難が解消されないことで、学校生活全般のストレスが増える。親にも先生にも叱責されることが多く、メンタルヘルスの問題が起きてくる

➡P052

### 3 就労での困難

家庭や学校で生活に安心して取り組むことができず、スキルの習得が進まない。そして大人になってから就労の困難に直面する

➡P054

# メンタルヘルス 自己肯定感が低くなりやすい

## 勉強ができないことで、自己肯定感が低くなる

境界知能の「勉強ができない」という課題は、それだけでは深刻な問題に見えないかもしれません。しかし、勉強が全般的に苦手であれば、学校生活のなかで成功体験を得る機会は少なくなります。授業でほかの子が簡単にこなしていることを自分だけうまくできない。発表や実技の場面では自分の拙《つたな》さをみんなに見られて笑われる。テストでは能力の低さが点数として示される。そのようなことが続けば、自信や達成感は持てないでしょう。

表面的には「勉強ができないだけ」に見えるかもしれませんが、内面的にはメンタルヘルスが損なわれていきます。自己肯定感が低くなり、学校生活に対する意欲も失われていくでしょう。

何度がんばっても成功せず、褒めてもらえなければ、子どもは「次の機会にがんばろう」とは思えなくなるものです。むしろ「また失敗する」と思って不安が高まり、活動に集中しにくくなるのではないでしょうか。

## 食事や入浴などの生活習慣が崩れやすくなる

メンタルヘルスが不調になると、食事や睡眠、入浴などの基本的な生活習慣が崩れやすくなります。子どもが勉強を苦手としていて、食欲が落ちてくるような様子が見られたら、メンタルヘルスの問題が起きているかもしれません。

大人は、調子が悪いときにそのことを言葉で説明できますが、子ども、特に幼児から小学生くらいの幼い子は、不調をうまく説明できない場合がありまず。子どもの不調に早く気づくためには、生活の乱れをよく観察する必要があります。境界知能の場合、援助要求をうまくできないという側面もあります。本人が「つらい」と言ってくるのを待っていては、対応が遅れてしまう可能性が高いでしょう。

生活習慣の乱れ以外にも、学校や会社を休む回数が増える、外出するのが億劫だと言う、気分が落ち込みやすくなる、イライラして暴言が増えるといった特徴も見られます。当てはまる場合には医療機関の受診を検討しましょう。

## メンタルヘルスの問題

常に授業についていけない状態では、安心して過ごせる時間が少なくなる

自分は
ダメなんだ
（自己肯定感が
低くなる）
何度やっても
うまくいかない
（達成感を得にくい）
どうせまた
失敗するから
やめよう
（意欲が
失われていく）
みんなに
笑われそうで
怖い
（不安が高まる）
どうすれば
うまくいくんだろう
（集中しにくくなる）
自分だけ
叱られて
ムカつく
（自己肯定感が
低くなる）
基本的な
生活習慣や
生活リズムが
崩れる
遅刻・欠席が
増える
買い物などで
外出するのが
億劫になる
気分が
落ち込む
または
急に高揚する
暴言や暴力が
増える

本人が何も言ってこなくても、不調がうかがえる場合には医療機関の受診を検討したい

境界知能 2の課題

# 就労

# 仕事選びや職場定着に苦労する

## 高校進学率が98・7%、大学などへの進学率が84%

知的障害や発達障害の人は学校で個別に支援を受けることがよくあります。通常学級で支援を受ける場合もありますが、特別支援学校や特別支援学級などに通って、少人数のクラスでより細やかな支援を受けることも多いです。

それに対して境界知能の人は、勉強ができなくて苦労していても、なかなか支援を受けられません。境界知能だけでは特別支援学校や特別支援学級に通うことは基本的にはできないため、多くの場合、通常学級で勉強することになります。

小・中学校では、勉強が苦手でも原則として留年することはありません。苦労しながらも卒業し、次の進路を選ぶわけですが、近年は少子化の影響もあり、高校や大学に進学しやすくなっています。文部科学省の「学校基本調査」によると、日本で2023(令和5)年度に中学校を卒業した生徒の高校(通信制含む)への進学率は98・7%です。そして、18歳人口の高等教育機関(大学・短期大学・高等専門学校

## 日本の高校進学率・大学進学率

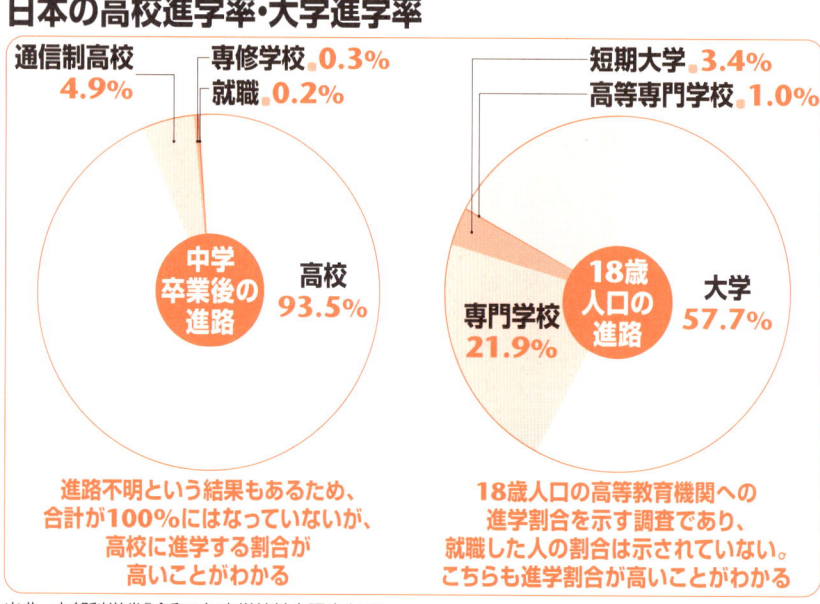

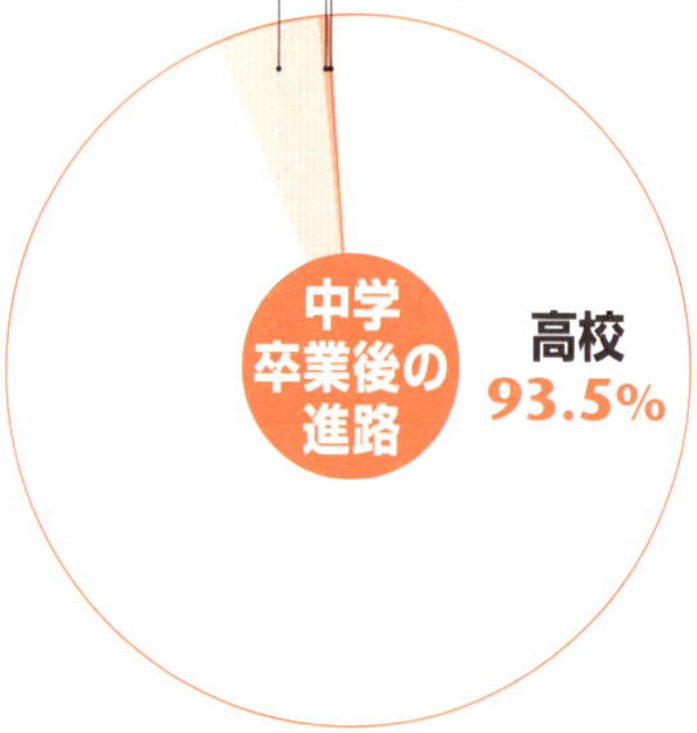

通信制高校 4.9%
専修学校 0.3%
就職 0.2%
中学卒業後の進路
高校 93.5%


進路不明という結果もあるため、合計が100%にはなっていないが、高校に進学する割合が高いことがわかる

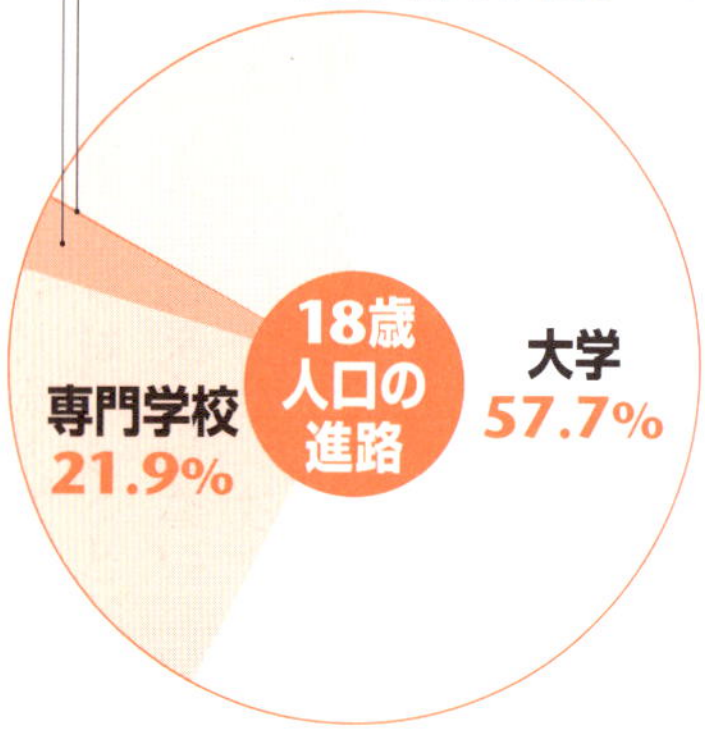

短期大学 3.4%
高等専門学校 1.0%
18歳人口の進路
大学 57.7%
専門学校 21.9%


18歳人口の高等教育機関への進学割合を示す調査であり、就職した人の割合は示されていない。こちらも進学割合が高いことがわかる

出典 文部科学省「令和5年度学校基本調査」より。

・専門学校）への進学率は合計で84・0％となっています。

境界知能の人の場合、中学卒業後も「勉強が苦手」という課題は続きます。しかし、高校や大学でも支援はなかなか受けられません。授業が難しくてわからなくても、多くの場合、補習を受けることくらいしかできないでしょう。

ただし、高校や大学を卒業できないのかというと、そうでもありません。授業に参加し、テストやレポートなどを一定のレベルでこなしていれば、高校も大学も卒業できる場合が多いです。文部科学省の調査では、高校で留年する人は生徒全体で1％にも満たないとされています。勉強が苦手でも、進学・卒業ができないわけではないのです。

## 卒業はできるが、職場で仕事に適応できない

高校や大学を卒業すれば、次は社会に出るわけですが、境界知能の人の多くがその段階でより難しい課題に直面しています。それが、P050で述べた3つめの課題である「就労」です。

高卒・大卒で仕事に就いた場合、その経歴に合った働きを求められます。高校や大学の段階ではほかの生徒より成績が低くてもある程度許容されていたのに対して、職場ではほかの人と同等の働きを求められるようになるのです。

境界知能の人は、そこでつまずいてしまうことが多いです。例えば、内容が難しい事務作業を任されたときに、その業務を理解できず、何度もミスを繰り返すことがあります。職場側は経験上「大卒の新入社員なら、これぐらいの業務はできる」と判断するわけですが、その基準が境界知能の人には難しすぎる場合があります。そして、指導を受けても適応できず、離職してしまうことがあるのです。

知的障害や発達障害の人は「障害者雇用」という形で就職し、最初からその人に合った業務を担当することもできます。一方、境界知能は障害ではないので、その対象とはなりません。境界知能の人は自分で自分の能力や特性を理解し、それに合った職場・仕事を選ばなければならないわけです。高校や大学を苦労しながら卒業し、その後は社会で仕事選びや職場定着にも苦労する。境界知能の人は厳しい状況に置かれています。

フィンランドのある研究でもそのことが報告されています[*1]→P126。1960年代から1990年代までに実施された追跡調査の結果を確認したところ、境界知能の人は学業や仕事、対人関係などで苦労することが多く、メンタルヘルスや就労の問題が起こるリスクが一般の人に比べて数倍高かったということがわかったそうです。

❶学校生活の課題への対応が遅れることで、その後、❷メンタルヘルスや❸就労の問題が起きてくる。この流れを意識して、境界知能の人にはより早期に支援を行うことが重要なのではないでしょうか。

境界知能の課題 2

# 結果として不登校やうつ、非行につながることも

## 精神的な不調に関連して、非行や性の問題が起こる

境界知能の人はメンタルヘルスの問題に苦しむことが多いわけですが、**第1章**の事例にもあったように、メンタルヘルスの不調と関連して、非行や性の問題が見られることもあります。イライラして非行に走る人、自己肯定感の低さから友だちを求めて、性被害に遭ってしまう人もいるのです。

フラストレーションを溜め込み、不登校・ひきこもりの状態になる人もいれば、それがどちらかというと外に向いて、非行や性の問題に巻き込まれていく人もいます。海外の論文では、ドラッグの問題が起きるリスクも指摘されています［※2➊P126］。

メンタルヘルスの問題は本人の内面の苦しみだけではなく、社会生活上のさまざまな問題に広がっていく可能性があるのです。

## 注目を集めるために万引きをしてしまう子もいる

境界知能の人は、勉強やスポーツで活躍できず、違うことで友だちに評価されようとしてがんばることがあります。それが趣味の活動などであればよいのですが、例えば万引きをやってみせることで、周囲から一目置かれようとする人もいます。自己肯定感の低さが、そのように歪んだ形となってあらわれることもあるのです。万引きをすればあとで大きな問題になることを、本人もわかっていないわけではありません。しかし、薄々わかっていても、手を出してしまう。それ以外には注目してもらう手段がないのかもしれません。

うまくやれば捕まらないという楽観的な算段もあるかもしれません。境界知能の人は、実行機能の弱さから、先の見通しを立てるのが苦手です。場当たり的な行動をしやすいところがあります。万引きという行為に対しても、見通しの甘さが出てしまうのだと考えられます。

自己肯定感の低さやフラストレーションの蓄積といった心理的な側面と、先の見通しを立てられないという特性が重なり合って、非行の問題が起きてしまう。複合的な要因があることを理解して、メンタルヘルスの課題に取り組む必要があります。

第4章

# 困ったとき、誰に相談すればよいのか

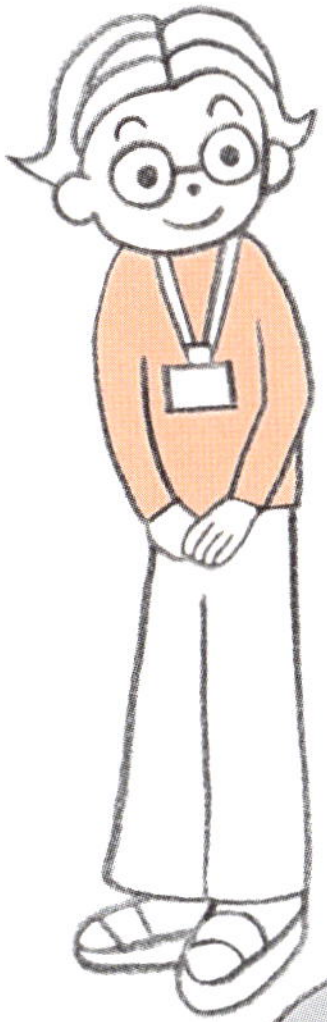

境界知能 1 の 支援

# クラスに数人いるはずなのに、支援はほとんどない

## 理論上は人口の約14%が境界知能に該当する

**第2章**で、IQを基準として知的障害・境界知能・平均的な知的機能を理解するための図を紹介しました。

この図は、ここで左にある図をもう一度見てください。中央がふくらんだ山型になっています。これは割合を示しています。知的障害は全体の2・3%、境界知能は13・6%、平均的な知的機能は68・3%です。残りは知的機能が平均以上ということになります。この割合から考えると、人口の約14%が境界知能に該当することになりますが、これは統計の結果ではなく、理論上の数値です。

## 35人学級にはおよそ5人いる？ 境界知能の子が

知能検査では、平均を100、標準偏差を15として換算します。例えば「WISC[*]」という検査では、結果を偏差IQとして示します。平均値に対して、どれぐらいの差があるのかを表しているのです。結果は一定の割合で正規分布するようになっています。その正規分布を示したのが先ほどの図です。

つまり、WISCという知能検査を受けた人は、理論的には先ほどの図のような割合で分布するということです。すべての人の偏差IQを測定したら、理論上では70未満が2・3%、70～84が13・6%に

## 境界知能は人口の約14%？

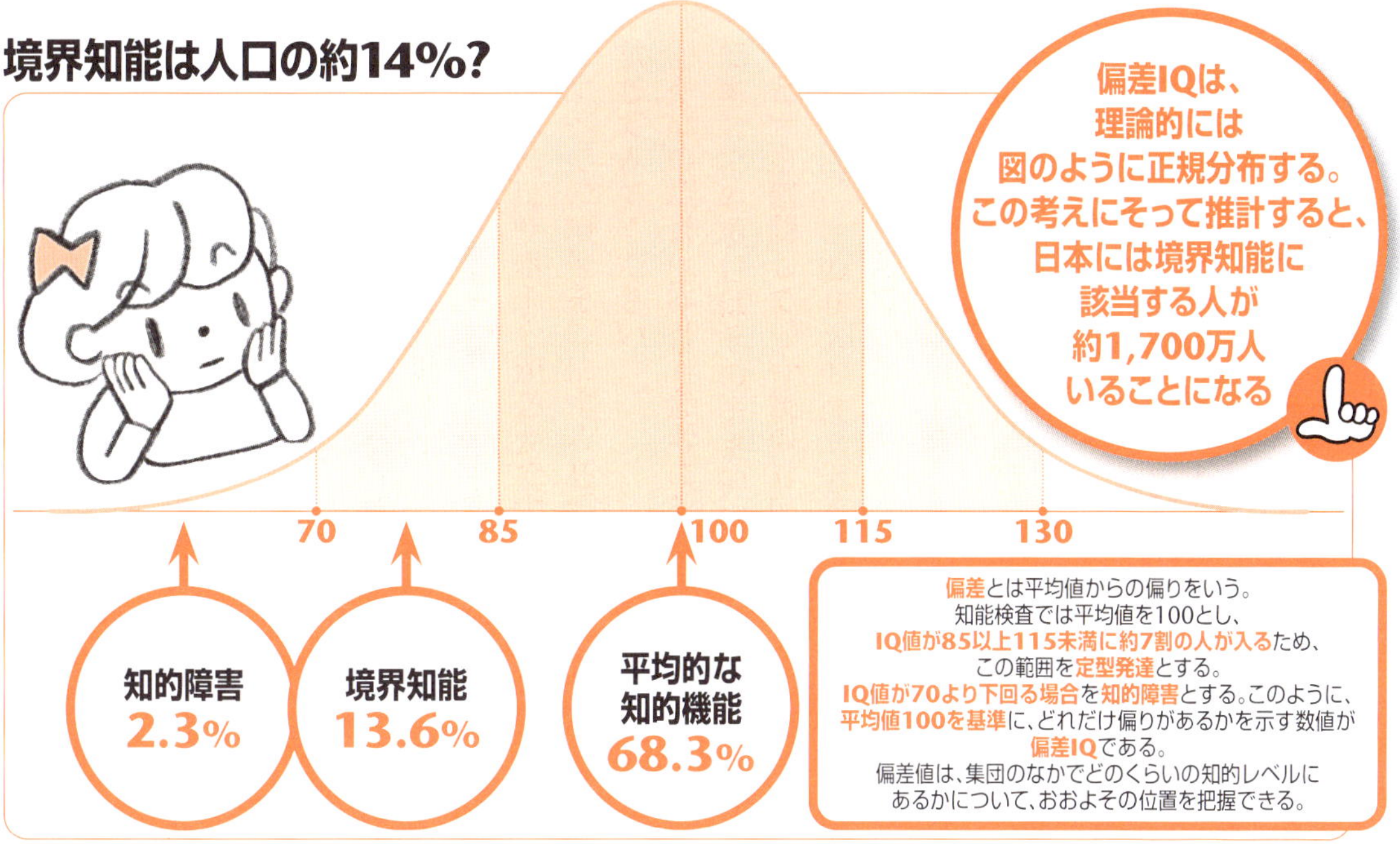
偏差IQは、理論的には図のように正規分布する。この考えにそって推計すると、日本には境界知能に該当する人が約1,700万人いることになる
70
85
100
115
130
知的障害 2.3%
境界知能 13.6%
平均的な知的機能 68.3%
偏差とは平均値からの偏りをいう。知能検査では平均値を100とし、IQ値が85以上115未満に約7割の人が入るため、この範囲を定型発達とする。IQ値が70より下回る場合を知的障害とする。このように、平均値100を基準に、どれだけ偏りがあるかを示す数値が偏差IQである。
偏差値は、集団のなかでどのくらいの知的レベルにあるかについて、おおよその位置を把握できる。

なると考えられるわけです。

この考え方によれば、人口の約14%が境界知能に該当するわけですから、学校の35人学級には境界知能の子がおよそ5人いるということになります。これはあくまでも理論値ですが、私の実感と大きくずれてはいません。

私立の学校は一定の学力の子が集まるので、話がまた違ってきますが、公立の小・中学校であればどうでしょう。みなさんも学生時代のことを思い出してみてください。クラスに数人、勉強の苦手な子がいませんでしたか？　その子たちは授業についていけず、困っていなかったでしょうか。同級生に笑われて、悔しそうにしていたことはありませんか？

### 境界知能の子はどこで誰に相談すればよいのか

理論的には、それぐらいの数の子どもが勉強面で困っているわけです。しかしこれまでにも述べてきた通り、境界知能だけでは家庭や学校でなかなか支援を受けられません。親や学校の先生に相談しても勉強を少し見てもらえるか、補習をしてもらえるくらいでしょう。

では、どこで誰に、どのように相談すればよいのでしょうか。本章では境界知能だと思ったとき、どう相談すればよいのかを解説していきます。

＊WISC：Wechsler Intelligence Scale for Childrenの略称。

# 医療的な支援

## 病気や障害の診断が出ない

### 境界知能だけでは支援につながりにくい

「勉強が苦手で困っている」ということで医療機関を受診した場合、医師や心理士などの医療スタッフによって知能検査や生育歴の聞き取りなどがおこなわれることが多いでしょう。その過程で、知的障害や発達障害があることがわかる場合もあります。発達障害などの診断が出れば、その後はさまざまな治療や支援につながっていきます。

一方、境界知能だとわかった場合には、経過観察となる可能性が高いでしょう。状態が悪化すればまた受診する、という流れになりがちです。

知的障害や発達障害がなくても、受診した時点でうつ病や不安症などの症状がみられるようなら、その診断が出る可能性があります。その場合も継続的に治療を受けることができます。しかし、それはすでにメンタルヘルスの問題が起きているということです。本来は、そのような状態になる前に支援を受ける必要があります。

医療機関は「知的障害や発達障害がある場合」や

「すでにメンタルヘルスの問題が起きている場合」には適切な相談先となります。しかし、境界知能で勉強や生活に悩んでいるという段階では、相談しても十分な支援を受けられない可能性もあるのです。

従って、まず第一の相談先は学習面の問題となるため、教育センターなどの教育機関になるでしょう。行動面に問題があれば、地域の福祉事務所を通して児童相談所などで相談することも検討しましょう。

## 医療的な支援を受ける方法

医療機関を受診して「勉強が苦手」「ストレスで心身の調子が悪い」などの悩みを伝える
問診や知能検査などを受ける
診断
知的障害や発達障害、うつ病などがあれば診断が出る
支援
診断にそって治療や支援を受ける
境界知能だけでは診断が出ず、医療の対象にはならない

# 福祉的な支援

## 基本的に障害者手帳を取得できない

### 福祉的な支援を十分に受けられない

知的障害や発達障害がある場合には障害者手帳を取得できます。知的障害では療育手帳、発達障害では精神障害者保健福祉手帳が交付されます。手帳を取得すると、さまざまな福祉サービスを受けられるようになります。生活面では医療費の助成や公的料金の割引といった支援が受けられます。しかしこれも境界知能は対象となりません。境界知能は障害に分類されていないので、基本的に障害者手帳を取得できないのです。

障害の判定には地域差があり、ＩＱ70を超えていても適応機能の程度などによって療育手帳を取得できる地域もありますが、そのような対応が実施されない地域もあります。

### 年齢や状況によっては相談できる場合も

知的障害や発達障害の人は手帳とは別に、障害福祉サービス受給者証を取得することもできます。これも福祉サービスを受けるための手続きの1つです。

受給者証を取得すれば幼児期に児童発達支援、学齢期に放課後等デイサービス、成人期に就労移行支援などを利用できます。申請する際には障害者手帳や診断書などを提出するのですが、それらがなくても申請はできます。例えば、幼児期でまだ診断が確定しない場合に、医師の意見書を提出すれば受給者証を取得できることもあります。

勉強が苦手で境界知能や知的障害、発達障害の可能性があり、医療機関を受診しているという場合には、受給者証の対象になり得ます。本人の年齢や状況によっては、地域の相談窓口に問い合わせをしてみるのもよいでしょう。

## 福祉的な支援を受ける方法

自治体の窓口などで障害者手帳の取得や障害福祉サービスの利用を申請する
判定
判定を受けて、手帳や受給者証を取得する
支援
生活面の支援を受ける
境界知能だけでは障害が判定されず、手帳を取得できないためサービスを利用できない場合が多い
7 保健福祉
申請書

境界知能の支援 1

# 教育的な支援
## 原則として特別支援学級などに入れない

### 基本的には通常学級に通うことになる

学校教育には「特別支援教育」という仕組みがあります。障害がある子の教育的なニーズにそって、指導や支援をおこなうというものです。

障害がある子は通常学級ではなく、特別支援学級や特別支援学校などの少人数クラスに在籍して特別支援教育を受ける場合があります。通常学級でも支援はおこなわれますが、少人数クラスのほうがより丁寧な支援や配慮を受けられるからです。

特別支援学級などに通う場合には、学校や教育委員会などに教育相談を申し込む必要があります。相談を通じて支援の必要性を確認していくわけですが、その過程で障害者手帳や診断書を提出する場合があります。障害があることを確認するわけです。

境界知能の場合、原則として障害の判定や診断は出ないため、特別支援学級などに入れない場合が多いです。基本的には通常学級に通うことになります。しかし、それで問題がないのかというと、通常学級では十分に学習できない可能性が高いです。

私がこれまでに相談を受けた人のなかには、「小学校高学年からは地獄の日々だった」「誰も助けてくれなかった」と語った人もいます。もしかすると、勉強が苦手な子は境界知能と判断されるよりも軽度知的障害だと判定されたほうが幸せかもしれません。境界知能の人は、教育面でも厳しい状況に置かれています。しかし、境界知能の人には、その能力や特性に応じた特別支援教育が必要なのです。

## 教育的な支援を受ける方法

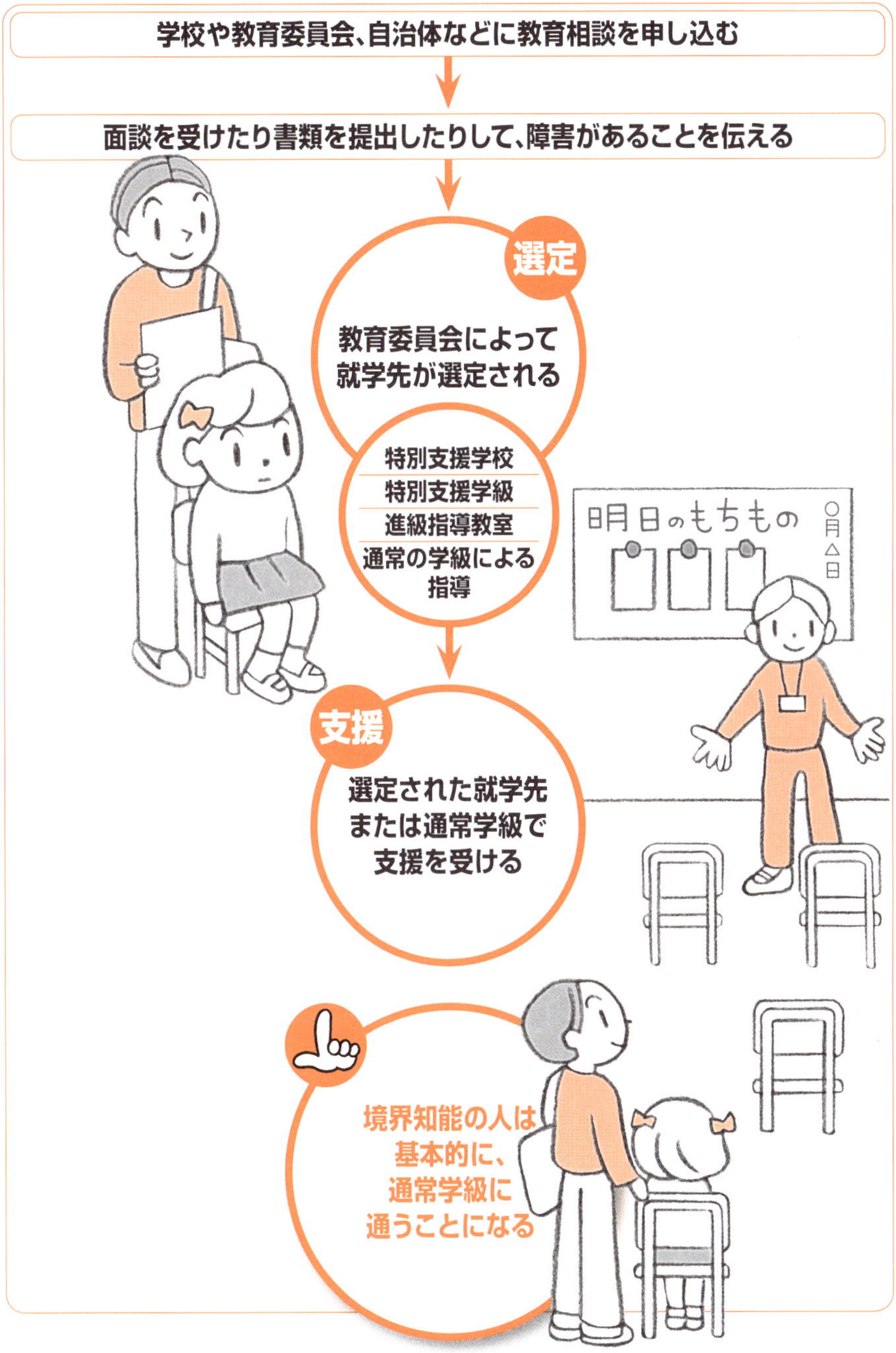
学校や教育委員会、自治体などに教育相談を申し込む
面談を受けたり書類を提出したりして、障害があることを伝える
選定
教育委員会によって就学先が選定される
特別支援学校
特別支援学級
進級指導教室
通常の学級による指導
明日のもちもの
○月△日
支援
選定された就学先または通常学級で支援を受ける
境界知能の人は基本的に、通常学級に通うことになる

# 就労支援
## 自分から相談しないと支援を受けられない

### 境界知能では、障害者雇用に応募できない

日本の民間企業には「障害者雇用率」が定められています。2024年4月現在、2.5%です。全従業員のうち2.5%は、障害のある人を雇用しなければならないのです。そこで企業は「障害者雇用枠」を用意して求人募集をします。障害のある人はこの枠組みで就職すると、障害があることを企業に伝え、理解を得て働くことができます。

ただし障害者雇用に応募するためには、障害者手帳の取得が必要です。そのため、境界知能だけでは基本的に応募できません。

### 就労支援機関に相談することはできる

就労支援には手帳がなくても利用できるものもあります。その1つが就労支援機関への相談です。地域障害者職業センターなどが、仕事に関する相談を広く受け付けています。また、「就労移行支援」という仕組みもあります。P062でも少しふれましたが、障害福祉サービス受給者証を取得すれば利用できます。

ただ、手帳が必須でないと言っても、それらの支

援は基本的に障害のある人を対象としています。境界知能というよりは、知的障害や発達障害などの可能性もふまえて相談する必要があります。就労支援というのは本人や会社が困っていて、支援機関に相談することでスタートするものです。境界知能の人のなかには「自分は障害者ではない」と考え、支援機関に行きたがらない人もいますが、その場合には支援につながりにくくなります。

## 就労支援を受ける方法

就労支援機関に就労の困難を相談する
面談などを通じて知的障害や発達障害、精神疾患が確認される
確認
障害があり支援が必要であれば、就労移行支援などを利用できる
支援
境界知能だけでは支援につながりにくい

# 「境界知能かも」と思ったら、どうすればよいのか

## 専門家に相談して、知能検査を受ける

境界知能の支援を医療・生活・教育・就労に分けて解説しましたが、どの領域でも支援は受けにくいという話になってしまいました。しかし、それでは境界知能の人は困っていても何もしてもらえないのかというと、そうではありません。この本を読んで「うちの子も境界知能かも」「自分も境界知能かも」と感じた場合は、専門家に相談してください。

私は、境界知能の可能性がある人はまず知能検査を受けることが大事だと考えています。知能検査を受ければ境界知能や知的障害に該当するかどうかがわかります。状態がわかれば、次のステップに進めます。

障害がある場合には手帳の取得や特別支援教育、就労支援の検討に移れます。境界知能の場合には利用できる支援の検討や、合理的配慮の相談を始めることができます。支援の具体的な相談に進むためには、本人の状態を確認する必要があるのです。

私たち支援者は面談や検査などによって本人の状態を確認・評価することを「アセスメント」と言います。しっかりとアセスメントをすれば、本人の特性や困り事、必要な支援は見えてきます。そのために専門家に相談をして、知能検査を受けてほしいのです。

## 医療・福祉よりも教育・就労の窓口が相談しやすい

では、アセスメントをしてもらうためにどこへ相談すればよいのでしょうか。境界知能は基本的に医療の対象となりませんし、福祉の領域でも手帳の取得につながらない場合が多いです。そのため、医療・福祉よりは、教育・就労の窓口のほうが長期的な支援につながりやすいかもしれません。これが相談先を考えるときの1つのポイントになります。

教育や就労の相談窓口では「勉強がうまくいかない」「仕事が続かない」といった日常的な悩みを相談できます。悩みごとへの助言を受けながら、必要に応じて、知的障害や発達障害などの相談をすることもできます。障害の有無に左右されず継続的に相談しやすいのです。窓口によって、また状況によっ

ては知能検査を受けられる場合もあります。相談を続けるなかで医療機関を紹介されることもあります。教育・就労の窓口への相談でも、結果的に知能検査を受けたり、アセスメントしてもらうことはあるわけです。生活上のトラブルも生じている場合は、福祉機関となる児童相談所に相談することもおすすめします。児童相談所では、知能検査を受けることができる場合もあります。

## 境界知能の悩みを相談しやすいところは?

どの機関も困っている人がいれば相談を受け付けるが、対象者が異なる。
境界知能の場合、教育・就労の窓口が相談しやすい。
予約が必要なところが多いので必ず事前に連絡を

**医療** △
主な対象は病気・障害がある人。なんらかの症状がある場合には相談しやすいが、境界知能で「勉強ができないだけ」では相談が継続しにくい

**福祉** △
主な対象は障害がある人。手帳の取得や障害福祉サービスの利用を検討している場合には相談しやすいが、境界知能だけでは相談が継続しにくい

**教育** ○
主な対象は学生。障害があってもなくても、学習や学校生活の悩みは相談しやすい。境界知能で「勉強」「進路」に悩んでいることを相談できる

**就労** ○
主な対象は求職者や在職者。障害があってもなくても仕事の悩みは相談しやすい。境界知能で「就職」「職場定着」に悩んでいることを相談できる

各機関は連携している。

相談しやすい「教育・就労」の窓口を利用してから、必要に応じて「医療・福祉」にもつながることもできる

境界知能 2の相談先

# 幼児期・学齢期は「学校」「教育センター」「児童相談所」へ

### 二次障害がなければ、まずは教育関係の窓口へ

「境界知能かもしれない」と感じたとき、発達障害の併存も考えられる場合や、すでに抑うつ症状などの二次障害も出ている場合には、最初から医療機関に相談しましょう。

それらの二次的な要素がなく、まず境界知能の可能性を相談したいという場合には、教育・就労の窓口をおすすめします。幼児期・学齢期は教育関係、成人期には就労関係の相談窓口で話してみるのがよいでしょう。

### 学校に相談して、合理的配慮を受ける

教育関係の窓口として第一に挙げられるのが「学校」です。担任の先生や管理職、特別支援教育コーディネーター、スクールカウンセラーなどさまざまな立場の職員に、勉強や進路などの悩みを相談できます。

学校との面談では「合理的配慮」を相談することもできます。合理的配慮というのは、障害がある人への配慮の仕組みです。障害がある人が困っていて、なんらかの対応を希望しているときには、学校や企業などの事業者は負担が重くなりすぎない程度に配慮しなければいけないと法律で定められています。合理的配慮を求めて相談することは、手帳や診断書がなくても可能です。境界知能の可能性があり、勉強が苦手で困っている場合には、通常学級でもなんらかの配慮を得られる場合があるのです。

例えば「プリントにルビを入れる」といった配慮を受ければ、プリントの内容を理解しやすくなります。このような対応は、SLDの子に対してもおこなわれます。合理的配慮によって、勉強面の困難が軽減する場合もあるのです。

### 教育センターや児童相談所にも相談できる

学校以外では地域の「教育センター」や「教育相談センター」に相談するのもよいでしょう。教育機関として、子どもの教育に関する相談を広く受け付けています。教育や心理などの専門家と話ができる

場合もあります。

「児童相談所」も相談先となります。児童相談所は福祉機関の1つで、18歳未満の子どもに関する相談を受け付けています。家庭や学校での教育の悩み、子どもの人間関係や不登校の問題、障害など、さまざまなことに対応していますが、近年は児童虐待への対応に多くの時間をとられています。「勉強が苦手」という悩みでは相談が進みにくい可能性もありますので、ここでは障害の可能性を含めて相談をしたほうがよいかもしれません。

教育センターや児童相談所では知能検査が実施されることもあります。また、より詳しい確認が必要ということで、医療機関を紹介されることもあります。

## 相談することが、早期支援の第一歩になる

学校や教育センター、児童相談所にはそれぞれに特徴があります。日常的な悩みを話したい場合には学校に、障害の可能性も含めてより専門的なことを相談したい場合には教育センターや児童相談所に行くのがよいでしょう。

ただし、教育センターや児童相談所は、学校に比べると設置数が少ないのです。地域によっては、住まいの近くに設置されていない場合もあります。まずは学校に相談して、より詳しく相談したい場合に児童相談所や教育センターを利用するというのもよいかもしれません。

「子ども家庭支援センター」「児童発達支援センター」「保健センター」などには子育てや教育の相談窓口があります。教育センターや児童相談所が遠方にあって来所するのが難しい場合には、それらの機関も選択肢の1つになります。

どこかに相談すれば、必ず何かしら情報が得られます。それが早期支援の第一歩になります。利用しやすい窓口を探して、まずは相談してみてください。

### 幼児期・学齢期の相談先

**学校**
- 相談しやすい
- 相談内容は主に学校生活のこと
- 「特別支援教育」「合理的配慮」も相談できる

↓ 学校生活での具体的な支援の相談に向いている

**教育センター／教育相談センター**
- 相談内容は主に教育のこと
- 「特別支援教育」「合理的配慮」も相談できる

↓ 境界知能や知的障害、発達障害の相談に向いている

**児童相談所**
- 相談はできるが予約者が多い
- 相談内容は子育て全般だが、近年は障害・虐待への対応が多い
- 「特別支援教育」「合理的配慮」も相談できる

↓ 境界知能や知的障害、発達障害の相談に向いている

**子ども家庭支援センター／児童発達支援センター／保健センター**
- 相談内容は主に子育てや教育のこと

境界知能の相談先 2

# 成人期は「就労支援機関」「発達障害者支援センター」へ

## 成人期で支援が途切れてしまうことがある

学齢期に学校で一定の支援を受けていても、卒業後に支援が途切れてしまうことがあります。これは境界知能の人に限らず、知的障害や発達障害の人にも起こっている問題です。

なぜそのような問題が起こるのかというと、教育的な支援と就労支援が十分に連携できていない場合があるからです。学校の先生は、卒業した生徒を長期間フォローすることはできません。先生には通常業務があり、異動もあります。教育機関も、学校を卒業したあとの生活や仕事の支援までは対応できません。学校や教育機関は子どもが学習し、社会に出ていくまでの支援をおこなっています。成人期の生活や就労の悩みについては、また別の相談窓口を利用する必要があるのです。

就労における相談は、ハローワークの障害者コーナー、地域障害者職業センター、就業・生活支援センター、発達障害者支援センターなどでも実施されています。

## 支援がなくなり、無銭飲食する人もいる

学校を卒業して自力で就職したものの、うまく職場定着ができず、仕事を転々として苦しむ人を、私はこれまでに何人も見てきました。そのなかには、経済的に追いつめられて万引きや無銭飲食をしてしまい、刑務所に入ったという人もいます。卒業できれば安心、就職できれば安心とは言い切れないのです。

私は、勉強や対人関係などが苦手で、集団生活に困難を感じることがある人には、一生涯にわたって支援が必要だと考えています。子どもの頃、少しの支援があれば学びやすくなるのと同じで、大人になってからも少しの支援があれば仕事を続けやすくなります。

幼児期・学齢期というのは、大体20年前後です。人生を80年と考えると、4分の1程度なのです。残りの4分の3の期間にも支援が必要なときがあります。仮に22歳で社会に出て60歳まで働くとしたら、38年間になります。80歳まで生きていくとすれば、さらに20年間の老後生活があります。その期間に支

## 幼児期からの主な支援サービス

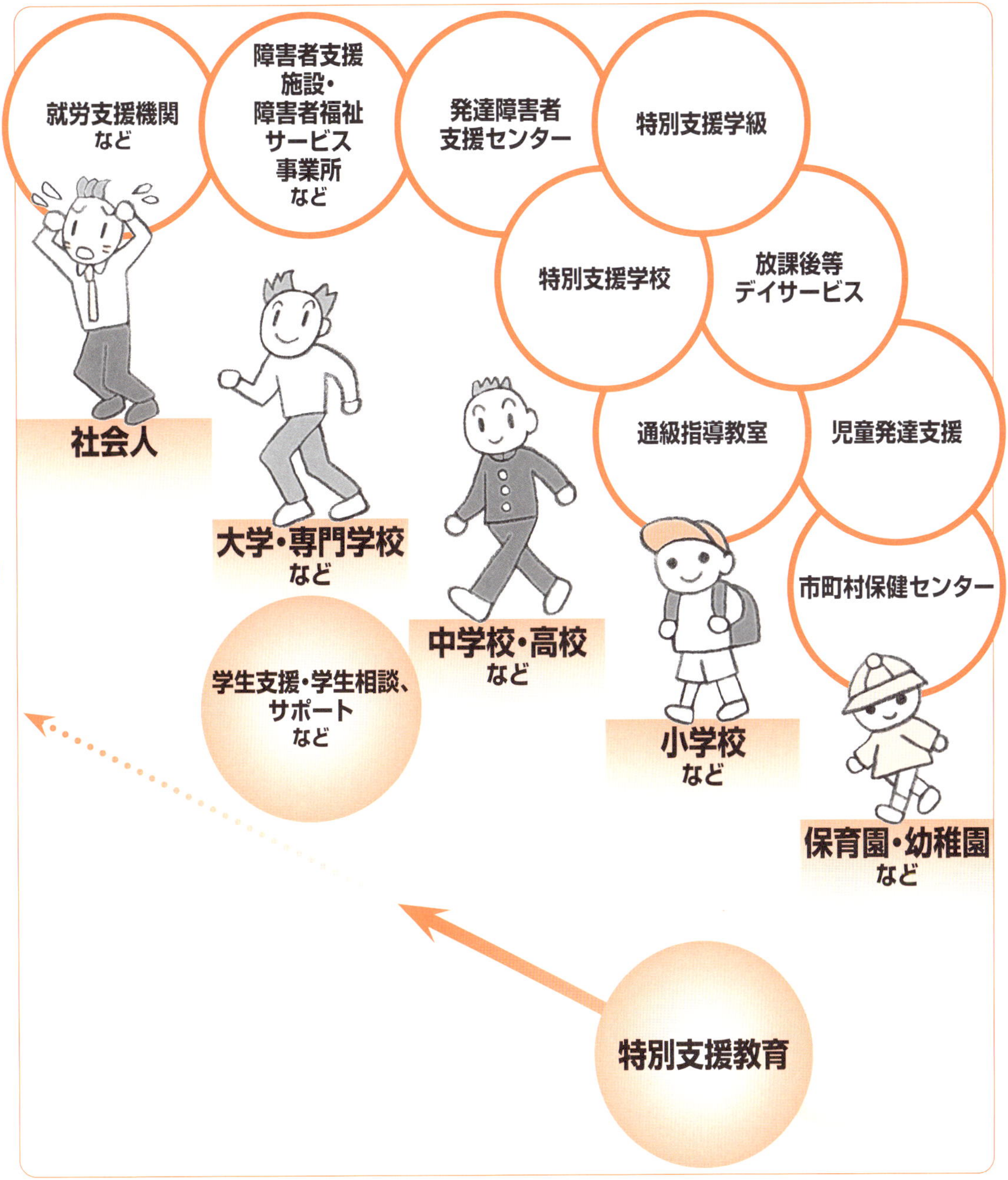
就労支援機関
など
障害者支援
施設・
障害者福祉
サービス
事業所
など
発達障害者
支援センター
特別支援学級
特別支援学校
放課後等
デイサービス
通級指導教室
児童発達支援
市町村保健センター
社会人
大学・専門学校
など
中学校・高校
など
小学校
など
保育園・幼稚園
など
学生支援・学生相談、
サポート
など
特別支援教育

援不足でトラブルに見舞われることがないよう、成人期にも支援を受けてほしいのです。

## 相談窓口を利用し、継続的に支援を受けたほうがよい

成人期の相談先としては、まず就労関係で「就労支援機関」があります。ハローワークのように就労全般の相談を受け付けているところもあれば、地域障害者職業センターのように、障害のある人への専門的な支援をおこなうところもあります。

生活面では「医療機関」「発達障害者支援センター」「知的障害者更生相談所」などに相談できますが、基本的に症状が出ている場合や障害の可能性がある場合が対象となります。障害について相談したいときの相談先と考えたほうがよいかもしれません。

成人期にもどこかしらの相談窓口を利用し、継続的に支援を受けられるようにしたほうが安心できます。障害があるかどうかが不明な場合はハローワークなどの総合的な窓口を利用し、知的障害や発達障害の可能性が感じられる場合には、地域障害者職業センターや医療機関などの専門的な窓口を利用するのがよいのではないでしょうか。

## ハローワークの役割

ハローワークには一般求人のコーナー以外にも、障害者専門の窓口があります。基本的に障害者を対象としているので、障害者手帳の取得が原則となりますが、対象者には精神障害者、発達障害者、高次脳機能障害者、難病患者なども含まれるため、病院にかかっているようであれば、主治医の診断書や意見書（ハローワークの書式）があるとよいでしょう。

ハローワークの障害者窓口は手話での相談に対応したり、「精神・発達障害者雇用サポーター」を配置したりしています。精神・発達障害者雇用サポーターとは、精神保健福祉士や臨床心理士の資格を持つハローワークの専門スタッフです。精神障害に対する理解があるため、障害特性に応じた求人の紹介、無料の職業訓練の案内、精神障害者が就労で抱えやすい悩みや受けられる支援などの情報提供・アドバイスなどをおこなっています。生活面も含めた支援が必要な場合には、障害者就業・生活支援センターなどの紹介もしてもらえます。精神・発達障害者雇用サポーターは、精神障害や発達障害などのある求職者に対する障害特性をふまえた専門的な就職支援や職場定着支援を実施しているため、境界知能の人に対しても、二次障害で「うつ」を発症していたり、ハードスキル［P048］の支援が必要な場合には相談にのってもらえます。

ハローワークは相談窓口ですが、実際の支援が必要な場合には、ハローワークを通して地域の地域障害者職業センターや障害者就業・生活支援センターなどの支援機関を紹介され、就職から職場定着まで一貫した支援が実施されます。

## 成人期の相談先

### 就労の基本的な相談先に向いている

| | |
|---|---|
| ハローワーク | 相談しやすい<br>相談内容は主に就労と職場定着のこと<br>求人募集の検索や就職活動へのサポート<br>障害コーナーに精神・発達障害者雇用サポーター（障害特性をふまえた支援をおこなう職員）が配置されている場合もある |

### 現在不登校で就労を相談したい場合に向いている

| | |
|---|---|
| 若者サポートステーション | 相談しやすい<br>相談内容は主に就労で、不登校・ひきこもりへの対応が中心<br>民間団体が運営しているので対応がまちまち<br>コミュニケーション講座や就職活動へのサポート |

### 障害の可能性を含めて相談するときに向いている

| | |
|---|---|
| 地域障害者職業センター | 相談内容は主に障害がある人の就労<br>職業相談や職業評価、職業準備支援、事業主支援などをおこなう |
| 障害者就業・生活支援センター | 相談内容は就労のほか、生活面でのサポートもある<br>相談に対する助言、各機関との連携・斡旋などをおこなう |

### 障害者雇用・就労移行支援の相談に向いている

| | |
|---|---|
| 就労移行支援事業所 | 設置数が多く相談しやすい<br>民間団体が運営しているので対応がまちまち<br>相談内容は主に障害がある人の就労<br>支援を受ける場合は障害の判定・診断が必要になる |

### 症状がある場合の相談に向いている

| | |
|---|---|
| 医療機関 | 相談内容は主に病気・障害<br>境界知能や知的障害、発達障害のことを相談できる<br>うつ病や不安症などの二次障害を相談できる |

### 発達障害の基本的な相談に向いている

| | |
|---|---|
| 発達障害者支援センター | 相談内容は主に発達障害の人の生活<br>地域差があり、相談対応が少ないセンターもある |

### 知的障害の基本的な相談に向いている

| | |
|---|---|
| 知的障害者更生相談所 | 18歳以上の知的障害の人を対象としている<br>相談内容は主に知的障害の人の生活 |

提言

# 就学時健康診断から支援の流れをつくったほうがよい

## 障害の診断があるほうが生活しやすい？

境界知能の人は医療・福祉・教育・就労など、さまざまな領域で支援を受けにくい状況に置かれています。幼児期・学齢期にも成人期にも、いくつかの支援機関に相談することはできますが、これまでにも述べた通り、現状では「境界知能を相談する」というよりは「知的障害や発達障害の可能性を含めて相談する」という形をとらないと、継続的な支援につながらないことがあります。これは矛盾した状況で、「障害がない」と判断されるよりも「障害がある」と判断されたほうが生活しやすくなる場合もあるということです。

私は、このような状況は改善しなければいけないと考えています。境界知能の人も知的障害や発達障害の人と同じように、困っているのなら幼児期から支援を受けられるようにしたほうがよいのではないでしょうか。具体的には、就学前に知能検査を受けて小学校に入った段階から境界知能児の能力に応じた特別支援教育が実施されるべきです。

## 知的障害や発達障害は健診で気づかれる

知的障害や発達障害は、地域の「乳幼児健康診査（乳幼児健診）」で気づかれることがあります。乳幼児健診というのは、医師や保健師が子どもの心身の健康状態を確認する取り組みです。このときに障害の可能性がわかり、2～5歳くらいから支援を受け始める子も一定数いるのです。それ以外に小学校入学前の「就学時健康診断（就学時健診）」で気づかれて、支援につながることもあります。

私はこの「健診で子どもの状態を確認する」「支援が必要な子がいればフォローアップする」という仕組みを、境界知能の支援にも適用できるのではないかと考えています。

## 境界知能も就学前に気づけるかもしれない

境界知能は幼児期にはまだ目立ちにくいため、乳幼児健診で気づくことは難しいかもしれません。しかし就学時健診のときには気づける可能性があります。就学時健診では、文字の読み書きや数字の理解が苦手な子がいた場合、SLDの可能性を検討することがあります。その際に境界知能の可能性も含めて詳細を調べるようにすれば、小学校入学前の段階で境界知能に気づくことができるかもしれません。

２０２４年から、こども家庭庁などが新しい健診査支援事業を始めています。今後は各地で「５歳児健診」の実施も増えていくと言われています。５歳児健診や就学時健診で境界知能の可能性を確認できれば、早期支援につながりやすくなるでしょう。

５歳児健診や就学時健診を受けるすべての子どもに知能検査をおこない、知的障害や境界知能を確認することは現実的ではありません。しかし、境界知能の可能性がある子がいたときにフォローアップし、必要に応じて検査を実施することはできるのではないでしょうか。

## 小1からサポートできれば大きく違う

境界知能の人は、理論上は全体の約14％います。該当するであろう子たちが全員、特別支援学級や特別支援学校などに在籍するのは難しいでしょう。教員や教室が足りなくなってしまいます。就学時健診で境界知能に気づいても、結果としては通常学級に入ることが多くなるだろうと考えます。

しかし、就学段階で「勉強が苦手」だとわかっていれば、通常学級でもある程度の支援ができます。読み書きの習熟度などを確認し、あらかじめ合理的配慮を相談しておくこともできるでしょう。入学後、状況に応じて宿題の量を調整したり、補習の機会を

### 境界知能の早期支援（理想）

**5歳児**

- 就学時健診で境界知能の可能性に気づく
- ↓ 医療機関などで知能検査を受ける
- ↓ 学校や教育委員会で教育相談をする
- ↓ 必要に応じて合理的配慮を相談する

**6歳児**

- 通常学級で入学時から支援を受ける
- ↓ 入学後も定期的に面談をする
- ↓ 進路について早めに相談をする

就学時健診の段階で勉強面の不安を相談できれば、支援にも早くつながることができる

設けたりすることもできそうです。

保護者と学校側とで支援の必要性について共通認識を持っていれば、何事も相談しやすくなります。進路についても早めに、具体的に相談できるでしょう。本人や保護者が特別支援学級などの利用を希望する場合には、時間を置くこともなく検討を開始できるでしょう。結果として通常学校に通うとしても、「勉強ができないこと」に対するなんらかのサポートを受けられる可能性は高くなります。早い段階からのサポートやフォローアップの有無は、その後の人生を大きく左右します。

結果として通常学級に通うとしても、「勉強ができないこと」にほとんどサポートが得られないのと、サポートやフォローアップが用意されているのとでは大きく違います。

## 統計をとれば支援の効果検証もできる

就学時健診以降にサポートやフォローアップを実施し、追跡調査をおこなえば、支援の効果検証もできます。支援を受けた子の学校生活や進路、メンタルヘルスの状態などを定期的に確認して統計をとれば、効果や今後とるべき対策が見えてくるでしょう。フォローアップを実施していない地域との比較もできます。そのような形で、学齢期から境界知能を支援する仕組みをつくっていく必要があるのではないでしょうか。

就学時健診で
知的障害・発達障害
だけではなく
境界知能も確認し、
フォローアップできるようにすれば、
小学校入学後の困難を軽減できる。
早期支援のスタートになり、
その後の進路相談などにも
つながっていく
はずである
境界知能の子は
小学校2〜3年生から
困難が増えてくる場合が多い。
就学時健診から支援につなげる
流れをつくれば、
本人が失敗体験を
積み重ねる前に
対応できる

第5章

# 学校や会社でどんな支援が必要なのか

# 「勉強ができない」の背景を考えてほしい

このように、「歩けない」ことには多様な背景があり、私たちはそれを理解しながら対応しています。私は、「勉強ができない」という悩みにも同じように対応する必要があると考えています。

## 「勉強ができない」ことにも背景がある

身体障害の場合、「歩けない」「見えない」といった困難が周囲の人にもわかりやすいかもしれません。それに対して境界知能の困難は見えにくいものです。勉強がうまくできないときもありますが、できるときもあります。やればできるようにも見える。だから私たちは「がんばれ」と言ってしまうわけです。

しかし「勉強ができない」ことにも「歩けない」ことと同じように、さまざまな背景があります。なかには、やればできるのに勉強する時間が少なかったという子もいるでしょう。その場合には学習機会を確保し、「がんばれ」と声をかけて励ませば、本人もやる気になって学力が上がるかもしれません。

一方、境界知能やSLDで勉強ができない場合、苦手なものは苦手です。学習する機会をつくって努

## 私たちは「歩けない」の背景を考えている

私は学生を指導するときに「知的障害や発達障害は目に見えないけれど、身体障害に例えて考えるとわかりやすいんじゃないかな」と話しています。

世の中には「歩けない」人がいます。そのなかには身体障害があって歩けないという人もいれば、骨折したので歩けないという人もいます。

私たちは脊髄の損傷があって車椅子に乗っている人に「立って歩く練習をしましょう」とは言いません。それはできないとわかっているからです。そんなことを言っても本人を苦しめるだけです。

一方、軽度の脳性まひで足を動かしにくいものの、立つことはできるという人は、歩行のリハビリをすることがあります。歩けない人のなかには、立って歩く練習を必要とする人もいるわけです。

そして骨折して歩けない人は、回復の経過を見ながら少しずつ歩くことを練習します。骨折が治癒すれば、また歩けるようになることがわかっているからです。

力をうながしても、うまくできないこともあります。目標設定や学習方法を見直したほうがよい場合もあるのです。

## 勉強も、ゆっくり学んでもよいはず

子どもの頃に「がんばれ」と言われて努力して学力が上がった人は、子どもにも同じように指導しようとすることがあります。自分の成功体験を押しつけてしまうのです。しかし、自分は骨折が治ってまた歩けるようになったからといって、車椅子に乗っている人に「そろそろ歩いてみたら」と助言する人はいないでしょう。勉強でも同じように、大人が子どもに自分の基準を押しつけないことが大切です。

境界知能で勉強が苦手であれば、無理に高い目標を掲げず、その子のペースで学んでいけるようにしたほうがよいでしょう。SLDで読み書きが苦手なら、パソコンやスマホで文字入力ソフトを使うという選択肢もあります。脳性まひの人が移動するときに補助具を使ったり、ゆっくり歩いたりするのと同じで、境界知能やSLDの人も勉強をするときに道具を使ったり、ゆっくり学んだりしてもよいはずです。

視力が弱い人は、メガネやコンタクトレンズを使います。周囲から「がんばって裸眼で見てください」とは言われません。これも「見えにくい」の背景を考えて対応しているわけです。体の機能のどこかに弱さがあり、努力してもできないことがある場合には、サポートを受けてもよいのです。

どのような困難があるのかがわかれば、必要な支援もわかってくるものです。そして支援をすれば、問題をずいぶん防ぐことができます。境界知能についても、そのような考え方で支援をおこなっていきましょう。

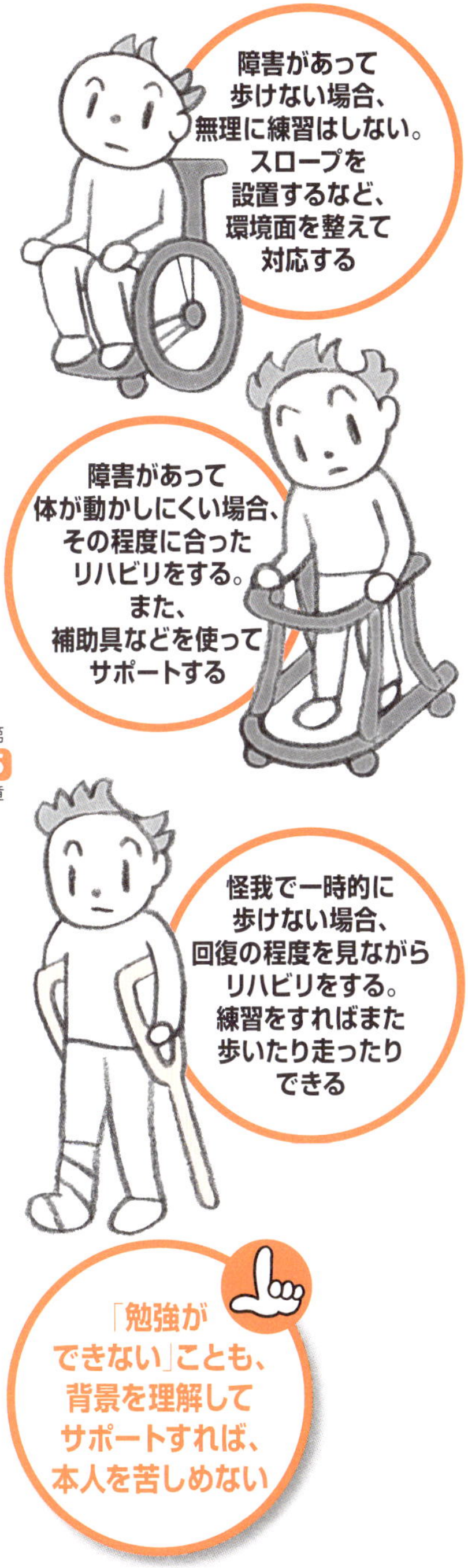
障害があって歩けない場合、無理に練習はしない。スロープを設置するなど、環境面を整えて対応する
障害があって体が動かしにくい場合、その程度に合ったリハビリをする。また、補助具などを使ってサポートする
怪我で一時的に歩けない場合、回復の程度を見ながらリハビリをする。練習をすればまた歩いたり走ったりできる
「勉強ができない」ことも、背景を理解してサポートすれば、本人を苦しめない

# 勉強面も生活面も、80%の目標設定を心がける

## 知能検査を受けて、支援のポイントを理解する

「勉強ができない」ことの背景として境界知能が考えられる場合には、**第4章**で解説したように、教育センターなどに相談して知能検査を受けましょう。専門家のアセスメントを受ければ、勉強ができないことにどのような特性が関係しているのかがわかります。

知能検査にはいくつかの形式がありますが、主要な検査の1つである「ＷＩＳＣ」では複数の指標で知的機能が確認されます。最新の第5版「ＷＩＳＣ-Ｖ」には5つの主要指標があり、それらの総合的な結果として「全検査ＩＱ」が測定されるのです*。

この全検査ＩＱの数値を1つの基準として境界知能や知的障害を判断するわけですが、知能検査を受けると、各指標の認知能力の程度もわかります。知能検査を受け、専門家から話を聞くことによって、子どもへの理解が深まります。それが支援のポイントを理解することにもつながっていくのです。

発達障害がある場合には、5つの指標の結果に偏りが出やすいと言われています。発達障害では得手不得手がはっきりしている場合が多く、その特徴が検査結果にも出るのです。一方、境界知能の場合は各指標に偏りが出にくく、全体的に低くなりやすいと言われています。ただ、発達障害が併存していて、指標ごとの差が大きくなる場合もあります。

いずれにせよ、知能検査を受けるとＩＱもわかり、特徴もより詳しくわかります。その結果を参考にしながら、支援を検討していくのがよいでしょう。

## 平均に対して70〜80%の目標設定を心がける

境界知能の子どもにもいろいろなタイプがあり、知能検査では多様な結果が出ます。どの支援が必要かは、子どもによって違うということです。

ただ、基本的な考え方として言えることもあります。境界知能の場合、勉強面でも生活面でも平均に対して70〜80%の目標設定を心がけるのがよいということです。

先の見通しを持つ力や理解力などが少し弱いということは、さまざまな場面で平均以上の力を発揮す

るのが難しいということです。勉強面や生活面で、周囲が平均点や平均以上の点を期待していたら、本人に過度のプレッシャーをかけてしまいます。

しかしもちろん、境界知能の子どもも能力がまったく伸びないわけではありません。本人のペースでじっくり学習していきます。そのための目安が70〜80％なのです。IQが70〜84で境界知能に該当するというのは、ざっくり考えれば、平均に比べて70〜84％の認知能力があるというイメージになります。そのイメージにそって平均点の7〜8割を目標にすると、無理をせず、自分のペースで学んでいけるようになることが多いです。

＊第5版の「WISC-V」には言語理解・視空間・流動性推理・ワーキングメモリ・処理速度の5つの指標がある。対象年齢は5歳0か月〜16歳11か月であり、結果は多岐にわたり活用される。

## WISC-Vの5つの主要指標

言語理解
言語を使って物事を理解したり、表現したりする能力
視空間
物を視覚的にとらえて、形などを理解する能力
流動性推理
物事について、思考や推論などをする能力
ワーキングメモリ
情報を一時的に保持して、さまざまに処理する能力
処理速度
情報を素早く正確に処理して、行動に移す能力
知能検査を受けて「言語理解」「視空間」などが弱いことがわかれば、その部分を補う支援がより重要だということがわかる

### 発達障害との違い

### 境界知能は能力がおしなべて低い

検査の説明でもふれましたが、発達障害の子は能力の差が大きい場合が多いです。「運動はクラスで一番得意だが、忘れ物もクラスで一番多い」「勉強は得意だが、友だち付き合いがうまくできない」といった形で、得手不得手が分かれることが多いのです。得意なことを生かしながら、苦手なことを補う形で支援していきます。

一方、境界知能の子は能力がおしなべて低く見えることが多いです。勉強も運動も、友だち付き合いも、できないわけではないけれど上手ではないという印象になりがちです。目標設定をやや低めにしながら、全体的にサポートしていくのがよいでしょう。

学校生活での支援 1

# 必要に応じて「合理的配慮」の相談をする

## 平均を目指すのではなく、子どものペースで

境界知能に該当し、発達障害も併存している子は、特別支援学校や特別支援学級に通う場合があります。その場合、学校側はその子の「個別の教育支援計画」を立てます。これは、文部科学省によって規定されている取り組みです。学校が障害のある子のニーズを把握し、長期的な視点を持って支援していくために、医療や福祉、就労などの関連機関とも連携しながら計画を作成するのです。その子に合った目標を設定し、達成度を確認しながら、計画を適宜改訂することになっています。その理念の通りに支援が実施されれば、子どもはその子のペースで無理をせずに学校生活を送っていけるでしょう。

一方、境界知能に該当しても発達障害の併存がなければ、基本的には通常学級に通うことになります。通常学級でも、一人ひとりに合った指導はおこなわれますが、児童・生徒の人数が多いため、個別の支援には限界があります。また、通常学級では各学年の平均的なレベルで授業がおこなわれるため、境界知能の子どもには難しい内容になることが多いです。平均を目指すのではなく、子どものペースを尊重して目標を設定しましょう。

例えば、宿題はある程度できていればよしとする。テストの点数にこだわらない。それよりも何ができるようになったのかに注目する。平均に比べてすぐれているかどうかではなく、本人が以前よりも成長できているかどうかを見るのです。

## 合理的配慮を相談して、支援を受ける

目標の調整と合わせて、苦手なことには配慮を受けるようにしましょう。**第4章**でも解説しましたが、通常学級でも「合理的配慮」を相談することができます。

例えば「授業時間では内容を理解できないことが多い」「話を聞くことに集中しているとノートをとれない」といった悩みがあれば、復習の仕方を相談するのもよいでしょう。

先生や学校によって対応は異なりますが、「板書と同じ内容のプリントを配布する」「資料をデータで

配布して、タブレット機器で読めるようにする」といった配慮を受けられる場合もあります。書くことが苦手な子には「板書をタブレット機器で撮影すること」が許可される場合もあります。授業中は話を聞くことに集中し、帰宅後にプリントを見て復習をする方法であれば、学習しやすくなるかもしれません。

　目標を調整して、自分のペースで学習できるようにする。苦手な部分には配慮を求めて、学びやすい環境を整えていく。通常学級でもそのような支援は受けられるのです。

## 合理的配慮の例

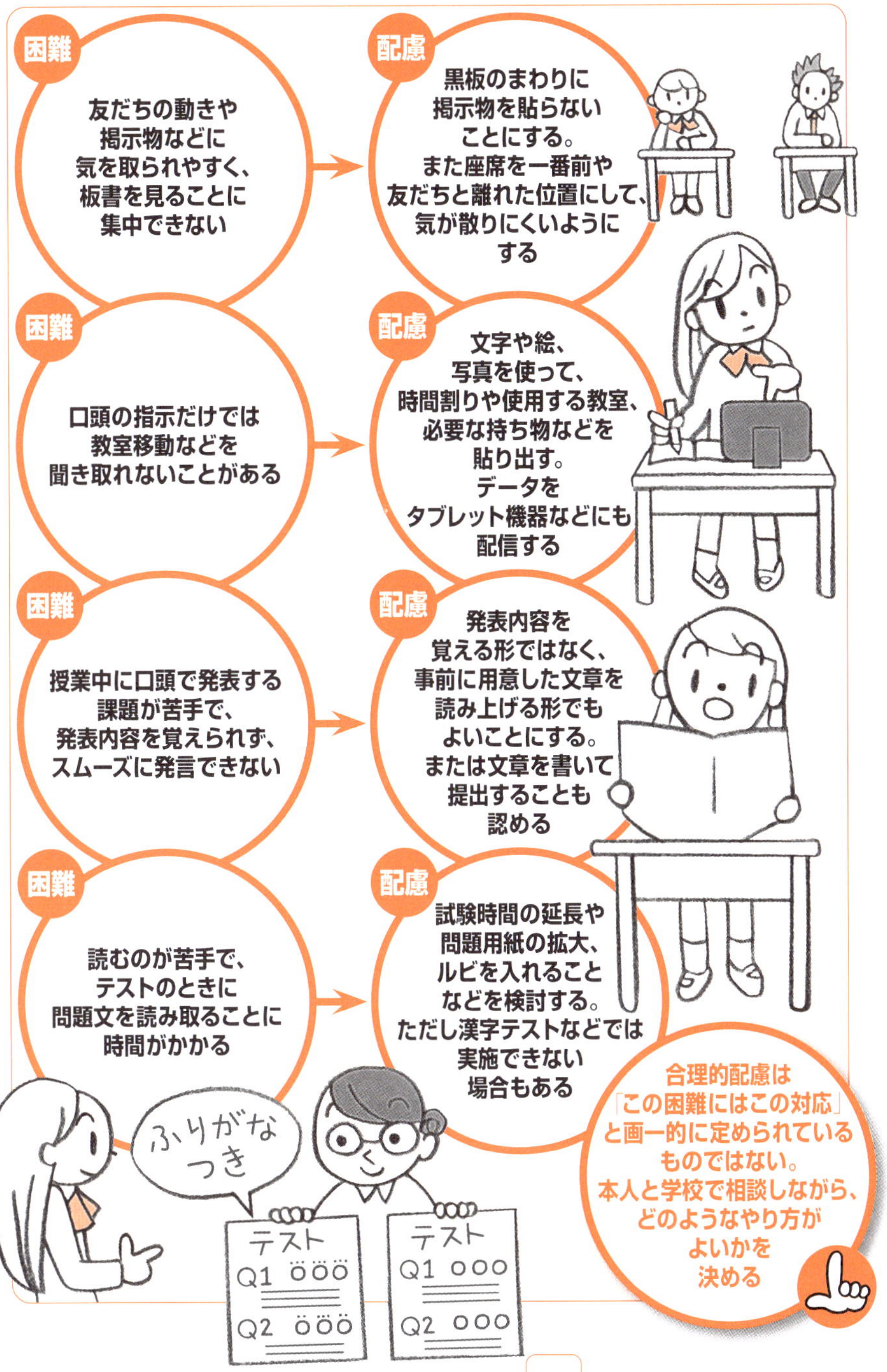
困難
友だちの動きや掲示物などに気を取られやすく、板書を見ることに集中できない
配慮
黒板のまわりに掲示物を貼らないことにする。また座席を一番前や友だちと離れた位置にして、気が散りにくいようにする
困難
口頭の指示だけでは教室移動などを聞き取れないことがある
配慮
文字や絵、写真を使って、時間割りや使用する教室、必要な持ち物などを貼り出す。データをタブレット機器などにも配信する
困難
授業中に口頭で発表する課題が苦手で、発表内容を覚えられず、スムーズに発言できない
配慮
発表内容を覚える形ではなく、事前に用意した文章を読み上げる形でもよいことにする。または文章を書いて提出することも認める
困難
読むのが苦手で、テストのときに問題文を読み取ることに時間がかかる
配慮
試験時間の延長や問題用紙の拡大、ルビを入れることなどを検討する。ただし漢字テストなどでは実施できない場合もある
合理的配慮は「この困難にはこの対応」と画一的に定められているものではない。本人と学校で相談しながら、どのようなやり方がよいかを決める
ふりがなつき
テスト
Q1 ○○○
Q2 ○○○
テスト
Q1 ○○○
Q2 ○○○

学校生活での支援 1

# 職場体験などの「キャリア教育」も始めたい

## 将来の働き方によって、進学先は変わってくる

学びやすい環境を整えることによって、学生時代の困難は軽減します。それはいわば「学校生活のなかの支援」です。私は、「学校生活のあと」を見すえた支援も実施したほうがよいと考えています。それは何かというと「キャリア教育」の支援です。

小学校から中学校への進学はそれほど悩まずに済む場合が多いのですが、高校を選ぶときや高校卒業後の進路を選ぶときには、左の図のように多くの選択肢があります。

一般の高校を選ぶ場合には、高校生活を通じてその後の進路を検討していくことになるでしょう。大学や専門学校に進むか、それとも就職するか。高校卒業時にも幅広い選択肢があります。一方、中学卒業時点でなりたい職業が決まっていて、早く専門知識を身につけたいのであれば、高等専修学校を選んだほうがよいかもしれません。

発達障害があって、障害者雇用での就職を検討している場合には、関連情報を得やすい特別支援学校や高等特別支援学校がよいのではないでしょうか。

将来どのような働き方をしたいのかによって、進学先は変わってくるということです。だからこそ、親と学校の先生が協力して、子どもに「キャリア教育」をしてほしいのです。

## 小学校の段階からキャリア教育を始めたい

私が支援してきた境界知能の人のなかには、大学4年生になって卒業の時期が近くなってくるまで、就労について考えてこなかったという人もいます。しかし多くの場合、そのタイミングから就労を考え始めるのでは時間が足りません。

一般就労を目指すにしても、就労支援を受けるにしても、障害者雇用枠に応募するにしても、ある程度の時間が必要です。もっと早い段階から将来の働き方を考え、就労に向けて準備をする必要があります。

近年は、小・中学校の授業で職場体験を実施することがあります。実際の仕事を見学したり、体験したりすると、その仕事が自分に向いているかどうか、

なんとなく実感できたりもするものです。そのような機会も活用しながら、できれば小学校の段階からキャリア教育を始めましょう。世の中にはどのような仕事があるのか。自分に向いている仕事は何か。

その仕事に就くためにはどうすればよいか。職場体験を1つのきっかけとしながら、保護者から話を聞いたり、ネット動画を見たりしてキャリアについて考える機会をつくってみてください。

## 中学卒業後のさまざまな選択肢

### 高校・大学で勉強したい場合

**全日制・普通科の高校**
集団活動が多く、個別の支援は受けにくいが、
近年は通級指導教室を設置している高校もある。卒業後の進路は多様

**通信制の高校**
毎日通学せず、自宅学習ができる学校。自分のペースで学習しやすい。
不登校の子や障害のある子への支援を実施している学校も多い。
卒業後の選択肢はさまざま

**定時制の高校**
授業時間が比較的短く、昼間・夜間などの選択肢がある。
働きながら通う人もいる。
少人数クラスが多く、支援は比較的受けやすい。卒業後の選択肢はさまざま

**地域ごとの特別なタイプの学校**
各地で支援教育をおこなう学校があり、
東京都では「チャレンジスクール」「エンカレッジスクール」などの名称で
設置されている。
不登校経験者など、小・中学生時代に能力を十分に発揮しきれなかった子が
支援を受けながら「学び直し」をできる

### 早く就職の準備をしたい場合

**高等専修学校**
工業や医療、調理、理容・美容、服飾など、特定の分野の専門知識や技術を学べる。
卒業後の就労に向けて準備を進めていける

### 障害者雇用枠での就労を考えている場合

**特別支援学校の高等部**
障害がある生徒を対象とする学校。個別の支援を受けやすい。
障害者雇用枠での就労を目指す生徒が多い

**高等特別支援学校**
障害がある生徒を対象とする学校。
特別支援学校よりも就労により特化している。個別の支援を受けやすい

提言

# 境界知能のために特別支援教育の実施を

## 通常学級の授業を一部調整したほうがよい

学校生活での支援として「目標を低めに設定する」「合理的配慮を受ける」「キャリア教育をおこなう」といったポイントをお伝えしました。いずれもよい支援になりますが、私はこれではまだ不十分だと考えています。

境界知能の子が通常学級の授業についていくのが難しいから「目標を低めに設定する」というのは、子どもの側がやり方を調整して、学校に合わせていくということです。

現在はそのような対応をとることが有効なので「目標を低めに」と解説しましたが、本来は学校側が通常学級の授業を一部調整して、境界知能の子にもわかる課題を設定したほうがよいでしょう。**第4章**で解説したように、35人学級には境界知能の子が5人程度在籍している可能性があります。その子たちにはなんらかの支援が必要なはずです。

全員に同じ教え方をして、同じプリントを配布し、同じ宿題を出すのではなく、勉強が苦手な子には復習用のプリントを配ったり、難易度の低い課題を出したりして、学習をサポートするべきではないでしょうか。

## 境界知能の子も個別に支援を受けたほうがよい

知的障害や発達障害の子が特別支援学級や通級指導教室などで個別に支援を受け、自分のペースで学習しやすくなるように、境界知能の子も、個別に支援を受けたほうが学びやすくなるでしょう。

設備や環境には限りがあるため、境界知能の子が全員、支援級や通級に通うのは難しいかもしれません。しかし、境界知能の子も一時的に通級を利用するような形はとれるはずです。実際に、勉強が苦手な子を通級で支援している学校もあります。境界知能かＳＬＤなのかがわからない段階でも、通級で早期支援をおこなっている事例があります。

また、境界知能の子にも個別の教育支援計画を立て、その子に合った指導目標を設定することも検討できるのではないでしょうか。支援計画があれば、通常学級でも一定の見通しを持った対応が可能です。

## 抽象的なことよりも、具体的なことを教える

学校教育には学習指導要領という指針が用意されていますが、私は、境界知能の場合は教育内容を柔軟に調整してもよいのではないかと考えています。

境界知能の子は、抽象的で複雑なことを理解するのは苦手です。具体的な情報を使って、将来に役立つライフスキルを重点的に教えていくのがよいのではないでしょうか。

私の専門は就労支援ですが、お子さんをサポートすることもあります。境界知能や軽度知的障害の子の相談を受けたときには、金銭管理などを具体的に教えることもあります。

境界知能の子には、実際に小銭を使って買い物をすることなどを練習してもらいます。例えば、小学校高学年の子に「400円を持ってコンビニに行って、買い物をする」という課題を設定したことがあります。子どもは欲しいものを事前に考えて値段を調べ、計算をします。そして実際にコンビニに行って買い物をします。練習を通じて計画・計算・買い物のスキルを使う経験ができるわけです。

小学校高学年なら400円程度の計算や買い物はできて当然と思うかもしれません。しかし境界知能の子の場合、年齢相応のスキルが身についていないこともあります。年齢に関係なく、その子がいま習得できそうな課題を設定したほうがよいのです。

学習のペースは一人ひとり違います。私は、高校生や大学生が分数を勉強してもよいと考えています。学校の授業もそのような視点で課題を柔軟に設定してもよいのではないでしょうか。

例えば「立入禁止」という文字の意味を学ぶという課題なら、具体的なので理解しやすい。文字の読み方、意味、対処方法を具体的に考えることで、危機管理のスキルが1つ身につくかもしれない
「作者の気持ちを考える」という問題は抽象的なので難しい。がんばっても読解力が育ちにくい
国語
ダメ
入っちゃ
立入禁止
境界知能の子も個別に支援すれば学びやすくなるはずである。その場合、抽象的な課題よりも、具体的な課題のほうが取り組みやすい。具体的・実用的なことを重点的に教えれば、将来役立つライフスキルの習得にもつながっていく

提言

# キャリア教育を早めに、小学校からスタートする

## 世の中には1万8000以上の職種がある

　世の中にはたくさんの仕事があります。厚生労働省が「職業分類」という形で仕事の種類を定めていますが、その総数は1万8000以上です。なかにはP048の運送業の例のように、読み書きが苦手でも十分に活躍できる仕事もあります。私は長年の就労支援の経験から、どのような特性があっても、その人らしく活躍できる仕事があることを知っています。境界知能で先の見通しを立てるのが苦手でも、自分に合う仕事を探すことはできるでしょう。

　実際に多くの発達障害の人たちが、適切なジョブマッチングがなされることにより、充実した職業生活を営んでいます。

## 小学校の段階から「仕事を知る」機会を

　自分に合う職業を探すためには、「仕事を知る」ことが大事です。世の中にどのような職種、企業、業界があるのか。従業員はどんな働き方をしているのか。仕事について具体的なことを知り、働くイメージを持つことが、進路選択につながっていきます。

　小学校の授業に「調べ学習」があります。動物の生態や地域の歴史などを調べて、発表するような形の学習です。親や地域で働く人に仕事の話を聞き、発表することもあります。そのような機会に「仕事を知る」のもキャリア教育につながるでしょう。可能であれば、地域の仕事を実際に体験してみるのもよいのではないでしょうか。

　仕事を知っていくなかで子どもが「自分にもできそう」「楽しそう」と感じることもあるでしょう。キャリア教育では子どものモチベーションが重要です。学ぶことや働くことへの意欲を失わずに育っていけば、進路を積極的に考えられるからです。社会に出たとき、興味を持っていろいろなことにチャレンジできます。子どもが興味や関心、意欲を持ち続けられるようにサポートしましょう。

## 早く仕事を知れば、進路も早く検討できる

中学生になれば、職場体験の可能性が広がります。

高校生や大学生になればアルバイトにチャレンジすることもできます。そのときに向けて、小学生の段階から「仕事を知る」機会をつくっていきましょう。

職種によっては中学・高校卒業後、専門的な学校に通ったほうがよい場合もあります。例えば調理師を目指すのなら、高等専修学校や調理の専門学校が選択肢に入るでしょう。早期にキャリア教育を始めると、進路も早く検討できます。

反対に、仕事を知らずに進学していくと、どこかの段階で想定外の出来事にあって進路変更が必要になる場合もあります。

例えば、医学部に入った人が解剖の実習で気持ち悪くなってしまい、耐えきれなくて進路変更したという例があります。医師がおこなう実習や研修、業務などを事前によく知っておけば、そのような回り道をしなくて済んだかもしれません。理学や工学の分野に進んで、違う形で医療に関わることもできたでしょう。

私は「学校や仕事を辞めるのはよくない」と言いたいわけではありません。進路を変更するのもよいでしょう。しかし、よく調べないで進路を決定し、やってみたら合わなかったので仕方なく辞めるというのは、できれば避けたいところです。そのためにも、キャリア教育を早く始めることが重要なのです。

## 「仕事を知る」機会をつくる

**小学校の「調べ学習」で**

エンジニアはどのような仕事をしているのか。
スーパーマーケットやコンビニの店員さんは
どのような業務をしているのか。
実際に働いている人に話を聞いて、
具体的な仕事を知る

**家庭や地域の仕事に参加して**

実際の業務を手伝ったり
間近で見学できれば、仕事を知るよい機会になる。
例えば夏休みに2時間程度でも、
小学生が仕事の手伝いをするのはどうだろうか

**見学会・質問会を開いて**

「資格者以外は作業できない」という職場もあり、
体験ができないこともある。
その場合は見学会を実施したり、
従業員を呼んで話を聞いたりするのもよい

**オンラインツールを活用して**

YouTubeなどで仕事紹介の映像を見るのも
よいかもしれない。いまはオンラインで
海外の人とビデオ通話をすることも簡単にできる

小学生のときから
「仕事を知る」ことに取り組む。
中学生で「仕事を体験する」。
そして高校生や大学生になったら
「実際に働く」ことを経験する。
子どもが興味や意欲を
具体的な知識に
つなげていけるように、
大人がサポートしていく

# 職場環境や同僚との「マッチング」が重要に

## 働きたい人と人手不足の企業が結びついていない

本人が自分の特性を知り、世の中にどのような仕事があるのかを知れば、進路選択をしやすくなります。自分にマッチする学び方や働き方がわかるということです。この「マッチング」が就労支援では極めて重要なポイントになります。

私は就労支援の仕事で全国各地をまわり、さまざまな人と交流していますが、多くの地域で人手不足の企業や業界があるという話を聞きます。例えば農業や漁業、林業などで働き手が足りないと言われます。

一方で、境界知能や知的障害、発達障害の人の就労支援に取り組んでいると、働きたいのに自分に合った仕事がなかなか見つからないという悩みを相談されます。

いま日本では、働きたい人と人手不足の企業や業界がうまく結びついていないのです。特に障害のある人の場合、本人が働きたいと思っていて、一定のスキルが身についていても、十分に理解を得られる職場が見つからず、就労に苦労していることが多いです。この課題を解消するためにもキャリア教育が重要になります。

## 境界知能の人のコミュニケーション能力とは？

知的障害には重症度の区分があります。個人差はありますが、例えば言葉の発達では、最重度の場合は成人期にも発語がほとんどなく、非言語コミュニケーションが中心だと言われています。成人期のコミュニケーションは重度では3歳未満くらい、中等度では小学校1年生くらいだとされています。

軽度知的障害は成人期で小学校5～6年生くらいという目安です。会話がある程度できるので、障害があることが周囲にはわかりにくい場合もあります。そして境界知能の場合、大人になったときの言語レベルが中学生くらいだと考えられています。

平均的な中学生は、大人とも会話ができます。中学生には人間関係をふまえて発言を微妙に調整するような、抽象的で難しい判断はまだできないかもしれません。しかし具体的な会話、表面的なやりとりであれば、大体できるでしょう。

境界知能の人は、もちろん個人差はありますが、成人期にそのくらいのコミュニケーションは問題なくとれる場合が多いということです。

## 能力がわかればマッチングを考えやすくなる

大人の場合、境界知能で先の見通しを立てるのが苦手でも、中学生くらいの言語能力は十分に持っていて、一定の仕事はできるという人もいるわけです。そのようなイメージを持つと、境界知能の人と仕事のマッチングを考えやすくなるかもしれません。

ただ、近年は製造業の工場勤務のような、作業中心の仕事が減ってきています。作業中心で高度な認知能力を必要としない仕事であれば境界知能の人も活躍しやすいのですが、そのような仕事を探しにくくなってきたという懸念点があります。

一般就労で仕事を探していて、マッチングする職種がなかなか見つからない場合には、就労支援を受けることも検討したほうがよいでしょう。支援を受けるなかで発達障害の特性があることがわかり、障害者雇用が選択肢に入ってくるという例もよくあります。マッチングに悩んだら支援を受けるということも、頭に置いておいてください。

### キャリア教育とマッチングの成功事例

**小学生時代**

勉強は全般的に苦手
自動車や電車が好きだった
専門家に相談して境界知能がわかった
キャリア教育を早めにスタート

**中学生時代**

本人が「自動車か電車関連の仕事をしたい」と希望
本人の特性にマッチしそうな職種を調べた
電車の運転士などは残念ながら除外
整備関係の仕事を第一希望に
本人・親・学校で工業系の高校の資料を収集
学校見学をして環境を確認

**高校生時代**

支援を受けながら専門知識や技術を身につけた
就職活動をして自動車整備士に

**社会人（現在）**

整備士として勤務中
職場から一定のサポートを受けている
勤勉な態度を高く評価されている

小学生でキャリア教育をスタート、中学生でマッチングを検討したという事例。早めに目標設定したため、就職活動のときには準備万端であった

# 「就労移行支援」「就労定着支援」などを利用したい

## 境界知能と発達障害の併存がわかる人もいる

これまでにも何度か述べた通り、境界知能だけでは障害福祉サービスを利用できない場合が多いです。しかし、境界知能の人には発達障害が併存している場合もあり、就労の悩みを相談しているなかで、発達障害がわかることもしばしばあります。

私が相談を受けてきた人のなかにも、境界知能と発達障害がわかって就労支援を受けるようになった人が何人もいます。学生時代は特に支援を受けていなくて、働き始めてからトラブルが多く、いろいろと相談するうちに境界知能と発達障害がわかって支援を受けるというのが、1つの典型的なパターンとしてあります。

成人で就労に悩んでいて、この本を読んで「境界知能かも」と感じた場合には、発達障害の可能性も含めて就労支援機関に相談することを検討してみてください。就労支援機関は地域障害者職業センターなど専門性の高い機関のほか、民間の機関も多くなっています。

## センター機関では一定の質の支援を受けられる

地域障害者職業センターや障害者就業・生活支援センターなどのセンター機関では、一定の質の支援を受けることができます。ただし設置数が少ないため、通いやすい場所にセンター機関がない場合もあるかもしれません。

地域障害者職業センターでは職業相談や職業評価、職業準備支援といったサポートが実施されています。どのような仕事が合っているのかを検討しながら就職活動を進めていくことを、全体的に支援してもらうことができます。また、就労前後に一定期間「ジョブコーチ」を派遣してもらうこともできます。本人と職場側の双方を支援する専門職となります。

## 民間機関は設置数が多く支援を受けやすい

センター機関に対して、就労移行支援事業所や就労定着支援事業所などの民間機関は設置数が多く、利用しやすいという特徴があります。ただ、民間団体が運営しているため、サービスの質に差があります。境界知能や知的障害など、特定の障害に対する専門性が低い事業所もあり、自分に合った事業所かどうかを検討する必要があります。

「就労移行支援」は障害福祉サービスです。働くためのスキルの習得、就職活動、就職後の調整など、就労するために必要なことをサポートしてもらえます。

支援を受けて就職したあと、職場定着をサポートする仕組みが「就労定着支援」です。これも障害福祉サービスです。実際に働き始めてみると、想定していなかった問題が起きることもあります。その解決のために定期的に相談し、支援を受けるというサービスです。支援者が職場側とも連携して、業務や職場環境の調整に協力してくれます。

就労支援にもマッチングがあり、公的機関や民間機関のなかから自分の希望に合うところを選ぶことが大切です。

## 主な就労支援の仕組み

### センター機関の就労支援

- 支援の質が安定している
- 各種の障害に対する専門性が高い
- 就労の準備から就職活動、職場定着までの支援
- 支援の内容は職業相談や職業評価、職業準備支援など
- ジョブコーチの派遣を依頼できる場合もある
- 利用は基本的に無料(交通費など実費の負担はあり)

### 民間の就労移行支援

- 運営団体によって支援の質に差がある
- 就労の準備から就職活動、職場定着までの支援
- 支援の内容はスキルトレーニングや面接への助言など
- 利用料は前年度の世帯収入などで決まる
- 利用期間は原則として2年以内

### 民間の就労定着支援

- 運営団体によって支援の質に差がある
- 就労後の職場定着の長期的な支援
- 支援の内容は職場環境の調整、課題に関する相談・助言など
- 利用料は前年度の世帯収入などで決まる
- 利用期間は原則として最長3年

このほかに
障害が重くて
一般就労が難しい人を
対象とした
「就労継続支援」などの
サービスも
ある

# こんなことで困っている？

## 苦手なことが生活の妨げになっていたら

　境界知能の人は先の見通しを立てるのが苦手と解説してきましたが、一般的な人にも計画的な行動が苦手な人はいます。

　苦手なことがあっても、それが生活上の支障となるほどではなく、ある程度カバーできていればよいのですが、境界知能や知的障害、発達障害の人の場合、学校や会社での活動に支障が出ることがしばしばあります。苦手なことがあり、勉強や仕事などの妨げになっているようであれば、なんらかの支援が必要です。

　このページでは、境界知能の人によく見られる困り事をリストアップしました。左のリストを見て生活上の支障になっていること、今後支障となりそうなことがあれば、対策を講じましょう。

　対策のとり方は、子どもも大人も基本的には同じです。どうしても苦手な部分については周囲の人がサポートをします。サポートをしながら、本人が自分なりのスキルを身につけていけるように、具体的な方法を教えていきます。方法の部分は、本人の年齢や特性に応じて調整しましょう。

　例えば持ち物の管理が苦手な場合に、本人が抜けや漏れなく準備をするのが苦手なら、チェックリストをつくることなどは周囲がサポートします。そして本人はリストを使うスキルを習得していきます。大人であれば、業務の確認作業にもリストを活用できるかもしれません。子どもにはホワイトボードや写真などを使って、ひと目でわかるリストを用意すると理解しやすくなるでしょう。

チェックリスト

本人の能力に合ったライフスキルの習得
＋
どうしても苦手な部分はサポート

P098～113で場面別にどのようなサポートができるのかを解説していきます。

# 困り事チェックリスト

## 行動パターン

- 行き当たりばったりで計画性がないと言われる ➡P100
- 大勢で遊ぶのが苦手 ➡P108
- いろいろ指示されてイライラすることが多い ➡P112

## コミュニケーション

- 休み時間にみんなでおしゃべりするのが苦手 ➡P108
- 指示されたときに聞き間違えること・聞き逃すことが多い ➡P098
- わからないことがあっても、気後れして質問できない ➡P113
- 知らない話を急にされると、混乱してしまう ➡P099
- 質問されるのが面倒で会話を打ち切りたいときがある ➡P111
- 外出先で人に話しかけるのが苦手 ➡P105

## 生活習慣

- 服装がTPOに合っていないとよく言われる ➡P103
- 外出するときに、忘れ物をすることが多い ➡P098・104
- 遅刻が多い。意識していても遅れてしまう ➡P102・105
- 浪費するクセがあり、貯金ができない ➡P106
- ゲームや動画などの趣味で夜更かしをしてしまう ➡P110

## 一人で活動

- 手順の通りに作業しようとしても、ミスをしてしまう ➡P098
- 数値を比べたり、覚えたりするのが苦手 ➡P107
- 作業の切り替えが苦手。急な変更に対応できない ➡P099
- 複雑な作業に取り組むと、途中でよくわからなくなる ➡P100
- 一人で遠出をすると、道に迷いやすい ➡P105

## 集団で活動

- 指示待ちになりやすい。誰かに声をかけられるまで動けない ➡P101
- 報告や連絡、相談が少ないと言われて叱られる ➡P102
- 人間関係が苦手。残念ながら人に嫌われやすい ➡P109

場面別 支援のポイント 3

# ミスや聞き間違いが多い

## 課題

### 指示内容を把握できない

情報を早く理解するのが苦手です。
学校や会社で指示を受けたとき、内容を十分に把握できないことがあります。
その結果として聞き間違いやミスが多くなり、
勉強や仕事が苦手になっていくこともあるのです。

## 支援

### 指示を書面で補う

指示をわかりやすく出すことが支援になります。例えば、
写真入りのチェックリストを用意すると、書面で内容を確認できるので、
遂行力やワーキングメモリの弱さを補うことができます。
また、作業の難易度を下げるのも1つの方法です。
情報量や作業量を減らすことでミスが減り、
作業の効率や正確性が上がることもあります。

**口頭の指示を書面で補う**
指示を一度で
覚えるのは難しい。
書面に書き出せば
情報処理の弱さを
補える

**絵・写真を活用する**
文字だけでは
情報が複雑になるので、
絵や写真を活用し、
パッと見てわかる
ようにする

**情報量・作業量を減らす**
「翌日の持ち物」を
一箇所にまとめておけば、
準備の作業を
簡略化できる

**大人の場合**
仕事でも同様に、
業務マニュアルを
写真入りで用意すると、
ミスが
起こりにくくなる

# 作業の切り替えができない

## 課題
### 状況判断に時間がかかる

実行機能が弱いと状況判断に時間がかかることが多いです。例えば学校で、いつも通りの授業に同じルーティンで対応することはできても、慣れていない相手との共同作業や急な教室移動などの場面では、混乱して行動が遅れることがあります。

## 支援
### 活動内容や予定を事前に示す

境界知能の人は情報処理に時間がかかるということを周囲が理解して、事前に活動内容やスケジュールを示すようにしましょう。この場合も絵・写真を活用したほうがわかりやすくなります。大人で業務上、素早い状況判断がどうしても必要になるという場合には、サポートにも限界があるので、配置転換を検討してもよいかもしれません。

明日のメンバー
予定を示して情報処理の時間をとる
いつもの活動
スムーズに次の活動へ
○
いつもの活動
急な変更!
いつもの活動
情報処理に時間がかかって活動が遅れる
×
活動内容やスケジュールを伝えるタイミングが重要。本人が自分のペースで状況判断できるように、指示の出し方を配慮する

# 最後まで集中するのが難しい

## 課題 長時間・長期間の活動がうまくできない

長時間の作業や長期的な活動に取り組むとき、
最後まで集中するのが難しいという人がいます。
作業を計画的に進めていくのが苦手なのです。
できない部分を飛ばして、指定された通りに仕上げられないことがあります。

## 支援 作業を分割して、1つずつ指示する

実行機能が弱い場合、複雑な作業を漏れなく仕上げるのは
難しいかもしれません。
作業を分割して、1つずつ指示するほうが
取り組みやすくなる可能性があります。
その際、なるべく得意な作業を任せるようにして、
苦手な作業はサポートすると、最後まで仕上げられる確率が上がるでしょう。

調べ学習の発表
（一括指示）
テーマを決めて
教科書や資料で
情報を集め、
台紙に内容を書き出して、
授業で発表する
作業を分割する
調べ学習の発表
（分割指示）
1. 調べ学習のテーマを決める
2. 教科書や資料を見る
3. 発表する内容（文章、写真など）を決める
4. 決めたことを台紙に書く
5. 発表する内容を覚える
6. 授業で発表する
1 2 3 4 5 6
台紙に書く
4
大人の場合
業務指示でも同じ。
例えば商品の
組み立て・梱包・発送を
一括指示しないで、
個別にマニュアルを
つくって指示すると、
取り組みやすくなる
書くことや
覚えること、
発表することが
苦手な場合は
学校とも相談して
サポートする

# 自分で判断するのが苦手、指示待ちになる

## 課題
### 「言われたことしかできない」と叱られる

就労支援でも家庭や学校からの相談でも、「指示待ち」の悩みがよく話題になります。実行機能が弱い人は、次に何をするのかを自分で判断できず、指示待ちになってしまうことがあります。そして「言われたことしかできていない」などと叱責されるのです。

## 支援
### 指示を工夫すれば、指示待ちは減らせる

私は、指示待ちが発生する場合、指示を出す側が悪いと考えています。就労支援に長年取り組んでいるある企業は作業工程を写真で貼り出し、本人がいつでも次の作業を確認できるようにしていました。慣れていないうちは指導社員が定期的に声をかけ、状況を確認したりもするそうです。指示の仕方を工夫すれば、指示待ちは減らせます。

指示待ちになるのは行動するべきことを具体的に教えていないから。教室移動の情報を適切に示していないから、子どもが戸惑う
情報の示し方を工夫する
教室移動の情報をその子にもわかりやすい形で示せば、本人が自分で移動できるようになる
行動の内容を写真や図で示し、視覚的にもわかりやすく工夫する
1 国語
2 音楽
3 学活
4 算数
音楽

# 遅刻が多い

## 課題 時間を守ろうとしても、微妙に遅れる

遂行力やワーキングメモリの弱さがあり、
予定の管理が苦手という人がいます。
時間を守ろうとしても、授業や業務などに微妙に遅れてしまうことが多く、
なかなか改善できなくて困っているという相談を受けることがあります。

## 支援 遅刻の防ぎ方、遅れるときの連絡方法を教える

P099と同様に、スケジュールを視覚的にわかりやすく示すことが
支援になります。
スマホなどのアラーム機能の活用をすすめるのもよいでしょう。
就労支援の現場では無断遅刻がしばしば問題になります。
遅れるときには必ず連絡するように教えることも重要です。
子どもの頃からライフスキルとして、
アラームの使い方や連絡方法を教えていきましょう。

遅れそうになるとパニックになり、連絡することも忘れてしまって、さらに叱責されてしまう
事前にできること スケジュールを視覚的に示す
直前にできること アラーム機能の使用をうながす。周囲の人から声をかける
遅れたときにできること 関係者に「遅れる理由」「到着する時刻」などを連絡させる。事前に連絡方法を教えておく
子どもの場合 親や先生から声をかけてサポートすることが、より重要になる
△○商事
○○商事
○○商事
10分遅れます

# 身だしなみが整っていない



## 課題
### 服装などに微妙なズレが出る

身だしなみを整えることができず、
職場などで問題になることがあります。
髪型や服装がだらしなくて注意される人もいますが、どちらかというと
「職場で着るには少しラフ」「季節感がない」といった
微妙なズレを指摘されることが多いです。

## 支援
### モデルを示すと理解できる

身だしなみについては、モデルを示して説明すると本人もよく理解して、
問題が解決することが多いです。
場所や季節に応じた服装を理解できていなかっただけ、
という場合もあるのです。
身だしなみに対する考え方は、
業種や職種によっても違います。キャリア教育を進めるなかで、
本人のスタイルに合う職場を探すというのも1つの方法かもしれません。

今日のタイムラインコーデ
だらしない格好ではないが、場に合わないということがある
生活習慣も同じように教える
髪型のセット、洗顔、ひげそり、化粧などの生活習慣も、写真などを使って教える
モデルを見せて基準を示す
写真で「勤務中の服装」「外出着」「部屋着」などを説明すると、対応できる人もいる
季節に合わせた服装を示す
「春の服装」などを教えて、春は「何月頃から何月頃まで」といった基準も示す

# 忘れ物が多い

課題

## 本人が困っていれば支援を

境界知能の人は実行機能やワーキングメモリの弱さから、
忘れ物が課題になることもありますが、
ADHDの人のように顕著な問題となることは少ないかもしれません。
しかし本人が困っている場合には、なんらかの支援が必要です。

支援

## リストを使って準備・確認する

必要なものをリストアップして準備する、
用意したものをリストでチェックするという形で
確認作業を実施できるようにすれば、忘れ物は減るでしょう。
本人がリストをつくるのが難しい場合にはサポートをしてください。
支援を受けても忘れ物が減らない場合には、ADHDの可能性も考慮して
医療機関を受診してもよいかもしれません。

指示を十分に理解できていない
計画的に準備できていない
聞いたはずのことを思い出せない
忘れ物がなかなか減らない
確認しやすい環境に
チェックリストを活用すれば、理解することや記憶することなど、苦手な部分を補える。持ち物を確認しやすい環境になり、忘れ物が減っていく場合が多い
月
1 古典
2 体育
3 数Ⅰ
生物
数学Ⅰ

# 目的地に行けない

## 課題　道に迷って遅刻する

目的地への経路がわからず、迷ったり遅れたりすることが多い人もいます。
例えば町で目的地と違う方向に歩いてしまい、用事に遅刻する。
ビルのなかでトイレの場所がわからなくて迷ってしまう。
空間認知能力が十分に身についていないという課題です。

## 支援　経路の調べ方、迷ったときの聞き方を教える

誰でもときどき道に迷うことはあるでしょう。
しかし学校生活や仕事の支障になるくらいに問題があるのなら
サポートが必要です。地図や経路を事前に調べる方法、
当日に案内板などを確認する方法を伝えましょう。
また、迷ったとき近くにいる人に質問するスキルも教えてください。
これはさまざまな場面で役立つ援助要求スキルになります。

### 目的地へ移動するスキル

基本的なスキルとして、

- 地図や経路の調べ方
- 公共交通機関の使い方
- バスや電車が遅れたときの対処法
- 車を運転していて通行止めがあったときの迂回方法
- 案内板などの活用法

などを教える。
年齢や地域によって必要な能力は異なるので、やり方は調整する

＋

### 迷ったとき質問するスキル

空間認知能力のほかにも、
情報を処理できず迷うこともある。
そのときの対応として、

- 質問する相手（駅員や店員、警察官など）
- タイミング（迷ったらすぐに）
- 聞き方（具体的なセリフ）

などを教える。
「この場面ではこの人に、
このようなセリフで聞く」
というパターンを具体的に示すとよい。
絵や写真も活用する

このスキルが弱い人は、
家族がいない環境で
パニックになりやすい。
質問スキルは
学校や職場で困ったときにも
使えるので身につけたい

# お金をすぐに使ってしまう

## 課題　給料を使い切り、借金してトラブルに

見通しを立てるのが苦手で、金銭管理がよく問題となります。

成人期には給料をすぐに使い切り、リボルビング払いで借り入れをしてトラブルになる例があります。生活費が不足して窃盗をする事例もあります。

金銭管理は支援の必要性が高い課題です。

## 支援　学齢期からお金の使い方を教える

成人期に金銭トラブルが起こり得ることをふまえて、できれば学齢期から金銭管理のスキルを教えましょう。

お金の使い方・貯め方を具体的に教えます。

小遣い制を活用して、経験を通じて学べるようにするのがよいでしょう。

電子マネーではなく現金を使って学習することをおすすめします。

境界知能の人は具体物のほうが理解しやすいからです。


学齢期に無駄遣いが多く、なかなか改善しない場合には、成人期にも電子マネーや電子送金など、目に見えない形でお金を使うことは避けたほうがよい。金銭管理の問題は大きなトラブルにつながるため、家族も協力して慎重に対応する

**電子マネーの使い方を教える**
電子マネーの使い方を教えていく。ただし限度額などは家族が管理する

**お金の貯め方を教える**
高額なゲームなどを欲しがったときに、毎月いくら貯金したら何月に購入できるのかを調べさせる。計画的な使い方が身につく

**お金の使い方を教える**
小遣いを飲食品や嗜好品などに使い分ける経験を積ませる。お金や商品の価値を具体的に理解できる

ジュース
ゲーム
ソフト
つみ立て
ちょ金
本
1000
1000

# 数字の理解が弱い

**課題**

## 数字を扱うことに時間がかかる

数字の理解が弱くて、ちょっとした計算に時間がかかり、
何事も理解するのに苦労が多いという人もいます。
学校や会社で、さまざまなスキルの習得に時間がかかってしまいます。
指示の理解、時間や金銭の管理などにも関連する課題です。

**支援**

## 電卓を活用して苦手な部分を補う

計算に時間がかかる場合には、スマホなどの電卓機能を活用して、
苦手な部分を補うようにしましょう。
算数の授業やテストでは電卓を使えませんが、
そのほかの場面では活用してもよいでしょう。
メガネをかけて視力の弱さを補うことと同じで、
ワーキングメモリなどの弱さをツールで補えば、
時間や金銭なども管理しやすくなります。

**計算機アプリを活用**

学校のプリントや
仕事の書類などを見るとき、
数字の理解に
時間がかかる場合には、
スマホやパソコンの
計算機能を活用する

**各種ツールを活用**

表計算ソフトや
会計ソフトなどを使えば、
計算を自動化できる
部分もある。
職場ではツールを使って
手間を減らせば
評価される

**子どもの場合**

学校側に
合理的配慮を相談して、
算数の授業やテストなど
計算能力を評価される
場面以外では計算機能の
使用を認めてもらう。
SLDのある子も
同様の配慮を
要することがある

場面別支援のポイント 3

# 休み時間をうまく過ごせない

**課題**

## 同級生と遊ぶと仲間外れにされる

境界知能の人に生育歴を聞くと、小・中学生の頃、
勉強だけでなく遊びの場面でも同級生のペースについていけず、
仲間外れにされたという話になることがあります。
学校や会社で休み時間をどう過ごすか課題になる場合もあるのです。

**支援**

## 余暇に自分をリ・クリエイトする

境界知能の人は無理にグループで遊ぼうとせず、
自分のペースで余暇を過ごすのがよいかもしれません。
余暇活動を英語では「リ(レ)クリエーション」と言いますが、
この言葉の語源は「リ・クリエイト」、つまり再びつくることだそうです。
余暇で重要なのは交流というよりは、
自分のエネルギーをもう一度つくり出すことなのです。
休み時間には好きなことをしてリフレッシュする。
そして再び勉強や仕事をがんばるためのエネルギーをつくり出す。
そうイメージして余暇を過ごすと、生活が安定するのではないでしょうか。
交流しても自分の回復につながらないのであれば、
無理に集団に入る必要はありません。

**集団にこだわらない**

学校ではよく「みんなと仲良く」「交流を広げて」と言われるが、授業で交流できれば十分。休み時間は一人でリフレッシュしてもよい

**予定を立てる**

「放課後や休日にやりたいこと」をリストアップし、予定を立てて実践する。計画的な行動のよい練習になる。本人が一人でできなければサポートする

苦手なのに無理に友だちをつくろうとした結果、悪い仲間ができたという事例も多い。余暇を自分らしく過ごせるようになることは、非行の予防にもつながる

**大人の場合**

そもそも大人には一人で余暇を楽しむ人も多い。子どもの頃から余暇をうまく過ごすスキルを身につけていけば、大人になっても役立つスキルとなる

場面別 支援のポイント 3

# 周囲の人との関係がよくない

## 課題 仕事よりも人間関係に悩む

境界知能の人の就労支援をしていると、
仕事の難しさよりも職場の人間関係の悩みがより大きな問題だった
という話になることがあります。仕事がうまくできなくて、
周囲から白い目で見られるのが何よりつらかったと言うのです。

## 支援 専門家の支援が必要になることも

余暇の支援とポイントが重なりますが、
無理に人間関係を広げようとしないことが1つの対策となります。
そしてもう1つ、「境界知能で苦手なことがある」ということを
周囲に理解してもらうことも重要です。
例えば、「指示をうまく聞き取れないことがあるので
聞き返すことが多いかもしれません」「ペースの早い会話には
ついていけないことがあるので、その都度確認するかもしれません」など、
「何が苦手であるか」「どういう対応となるか」などを
具体的に周囲に伝えておくとよいでしょう。理解が得られなければ、
「手抜きをしている」などと誤解される場合があるからです。
場合によっては、専門家の支援が必要となります。

場面別 3 支援のポイント

# ゲームや動画に時間を使いすぎる

**課題**

## 勉強のストレスでゲームをやりすぎる

境界知能の子は勉強が苦手で、宿題やテスト勉強をやりたがらず、
ゲームや動画などの趣味にばかり時間を使ってしまうことがあります。
勉強のストレスが多すぎて、趣味に走るという側面があるのです。
実行機能の弱さもあり、ゲームのやめどきを見失いがちです。

**支援**

## 生活全体のなかでバランスをとる

余暇にゲームを楽しむのはよいのですが、
生活全体のなかでバランスをとる必要があります。
ゲームをやりすぎて「夜中も眠らずに遊んでいて昼夜逆転してしまう」
「親のお金で多額の課金をする」といった問題に発展しないよう、
余暇のスケジュール管理や金銭管理を教え、サポートしていきましょう。

勉強のストレス解消のためゲームをやりすぎるという子もいる。学習ペースを見直すとストレスが軽減して、生活が落ち着くこともある

本人が時間や金銭を一人で管理するのは難しいので、家族がサポートする。話し合って計画を決め、定期的に確認する

大人でもゲームにハマって遅刻・欠勤する人もいる。家族や支援者のサポートが必要になることがある。学齢期から余暇を過ごすスキルを身につけていきたい

大人の場合

本人の特性に合った学習計画をつくる

余暇の予定を立てる ➡P108

ゲーム以外にも楽しい活動をつくる

ゲームの費用は家族が管理する

# すぐに「わからない」と言う



## 課題 「わからない」と言って会話を避ける

第1章で、指示が把握できていないのに「わかりました」と
言ってしまう人の事例を紹介しました。
これとは反対に、質問にすぐ「わからない」と答える人もいます。
話を打ち切って会話を避けようとするため、
コミュニケーションが十分にとれなくなります。

## 支援 本人が安心できる環境が必要

実際にわからないので「わからない」と答えている場合もありますが、
できないこと・難しいことを避けるための免罪符として
「わからない」というセリフを使う人もいます。
その場合、難しい課題が多すぎて、本人が苦しんでいるということです。
本人が安心して活動できる環境に変えていく必要があります。

チャレンジして失敗し、恥をかいた経験が多い
「わかる」と答えたら、何かをやらされて恥をかく
「わからない」と答えれば、課題から逃れられる
環境を変える
課題を調整して、わかりやすく示す
「わかる」「わからない」を素直に言えるようになる
「わかる」と答えても恥をかかない環境になる
わからない・・・
わかりません・・・


境界知能の人が「わからない」を逃げ道にするのは、周囲が不安を与えすぎているから。子どもも大人も、安心してチャレンジできる環境であれば本音を言える

# イライラしやすい、キレる

## 課題 フラストレーションを溜めている

境界知能の人は学校や会社で思い通りにいかない場面を経験することが多く、どうしてもフラストレーションが溜まりやすくなります。その結果としてイライラしやすくなる人もいます。暴言・暴力につながることもあり、なんらかの支援が必要です。

## 支援 できているところを褒める

いつも叱られていれば、反発しやすくなるのも当然です。悪循環が起きているので、やめましょう。境界知能の人はできない部分に注目されがちですが、努力して達成していることもたくさんあります。できているところに目を向けて、褒めてください。気持ちが落ち着きやすくなります。

うまくできない
叱られる・笑われる
フラストレーションが溜まる
イライラしやすくなる
失敗と叱責が連鎖して、負のサイクルが回ってしまう
周囲の人が「できないことを叱らない」「できることを褒める」というふうに行動を変えれば、負のサイクルをやめられる
叱られることに慣れている子は、褒めてもすぐに喜んだりはしない。小さなことをこまめに褒め、励ましていきたい

# 困っていても人に相談できない



## 課題 問題が起きても抱え込んでしまう

就労支援の現場で「困っていても上司に相談できない人がいる」という相談を受けることがあります。境界知能の人によくあるトラブルです。早く対処しなければ損害が拡大するような状況になっても周囲に相談できず、一人で抱え込んでしまうのです。

## 支援 学齢期から援助要求スキルを教えていく

援助要求スキルを教える必要があります。

本人が困っていたら、大人のほうから声をかけてサポートしましょう。

本人が「誰かと一緒に考えればわかる」と実感するような経験を積み重ねていきましょう。

できれば学齢期から、親や先生に手伝ってもらって、援助要求することを当たり前にしていきたいものです。

**勉強面・生活面で本人が困っている**

相談してくるのを待たないで、大人のほうから声をかける
→ 写真などの視覚情報も活用して、わかりやすく教える ○

本人が自分から相談してきたときにも必ず対応する
→ 自分から相談できたことを褒めて、相談を習慣化していく ○

簡単なことでも「そのくらい自分で考えなさい」と突き放してはいけない ×

「わからなかったら聞いてね」と伝えておくだけではサポート不足 ×

**大人の場合**

対応は基本的に同じ。自分から相談できない人には周囲から声をかける。定期的なミーティングを設定して、進捗状況を確認するのもよい

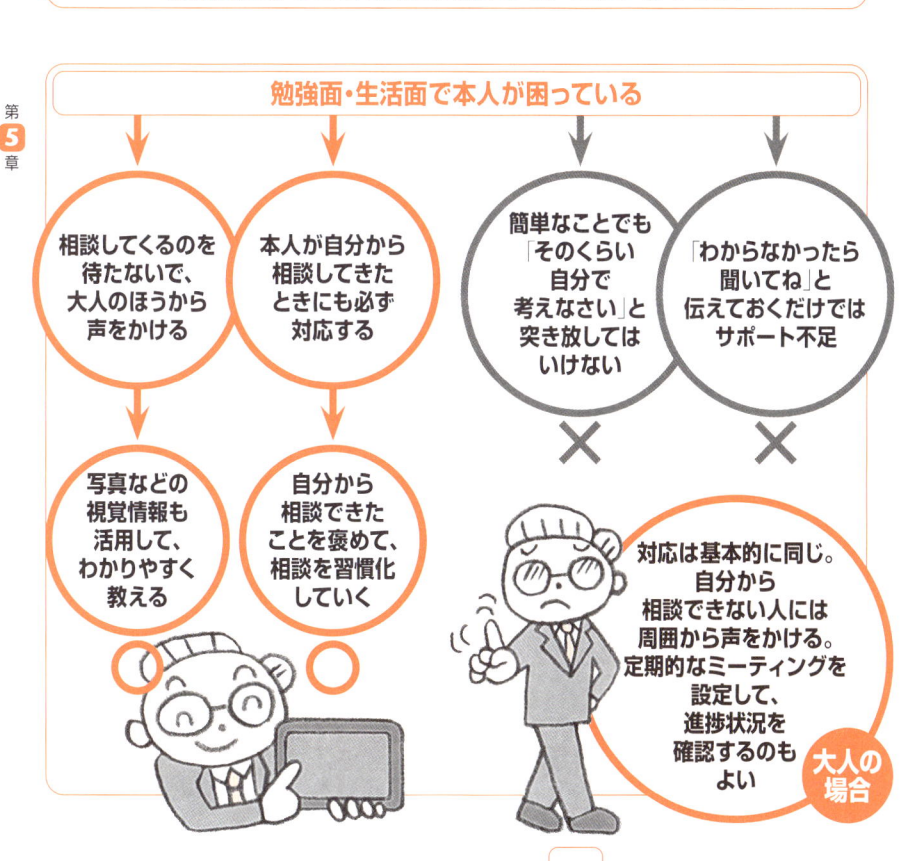

場面別 支援のポイント 3

# サポートがうまくいかないときは？

## その経験を次の支援につなげていく

場面別の支援のポイントを紹介してきましたが、境界知能の人の生活には、ほかにもさまざまな課題が生じることがあります。

例えば、一人暮らしを始めたら訪問販売の業者にだまされ、高額商品を購入させられてしまったという人もいました。本人の知識や経験、理解力などにもよりますが、金銭管理の支援として「売り込みの断り方」なども教えたほうがよいかもしれません。また、「何円以上の商品を購入するときは家族に相談する」といったルールを設定してもよいでしょう。

本人がスキルを少しずつ身につけていっても、周囲の人が丁寧にサポートをしても、トラブルが起きてしまうことはあります。失敗してはダメだというわけではありません。その経験を次の支援につなげていけばよいのです。

起こり得るトラブルがわかったら、対処法を本人と一緒に考えてマニュアルやテンプレートのような形に整理し、実践していきましょう。本人が能力的にできそうなことを、絵や写真なども使ってわかりやすく示してください。そうすることがライフスキルの習得、次のトラブルの予防につながります。境界知能だからうまく立ち回るのは難しい、仕方がないという考え方で終わりにするのではなく、その人なりのライフスキルを身につけられるようにサポートしましょう。

家族だけではトラブルへの対処法が思いつかないこともあるかもしれません。そのときには支援の専門家に相談してください。相談先は**第4章**で解説した通りです。

○○大学 学生サポート
就職ガイド
経験豊富な支援者は、さまざまなトラブルへの対処法を知っている。家族だけで悩まずに、専門家に相談を

# 第6章
# 二次障害を防ぐためにできること

境界知能の二次障害 1

# 問題が目立たなくても、学齢期から支援する

## 支援がなければ二次障害が起こる

境界知能や知的障害、発達障害の特性は生来のものです。生まれ持った特徴として「先の見通しを立てるのが苦手」「こだわりが強い」「衝動性が高い」といった一面があります。年齢を重ねるにつれて変わっていく部分もありますが、基本的には、大人になっても苦手なことは苦手です。

それらの特性があることによって生活面で困難が生じる場合もありますが、適切な支援を受ければ困難は軽減します。そのためには本人が自分の特性を理解すること、周囲の人にも理解してもらうことが大切です。

理解のない環境で過ごしていると、特性によって起きている困難を「努力不足」「怠けているだけ」などと誤解されてしまう場合があります。親や先生、上司などに「ちゃんとやりなさい」と注意され、それでもうまくできず、さらに叱責されるという形で悪循環に陥っていくこともあります。その結果として不登校や非行、体調不良、メンタルヘルスの不調などの副次的な問題が起こってくる場合もあります。

境界知能や知的障害、発達障害などのいわば「一次的な障害（一次障害）」への支援が不足することによって、「二次的な障害（二次障害）」が起こることがあるのです。

## 境界知能の人の困り事を放置しない

境界知能の人の支援では、この二次障害を防ぐことが大切です。

二次障害というのは、一次障害への理解や支援が足りない環境で起きるものです。この本で繰り返し解説してきたように、境界知能の人の困り事を放置しないようにしましょう。子どもが勉強や生活で困っていたら本人の話を聞き、手を貸してください。本人の困難に早く気づき、早く支援を始めれば、境界知能の二次障害は予防できます。

すでに述べた通り、境界知能の特性は幼児期や学齢期にはそれほど目立ちません。周囲の大人に「勉強ができないだけ」だと思われて、特にサポートされず放っておかれることもあります。しかし問題と

しては目立たなくても、失敗体験が繰り返されることで、本人は内面では傷ついていきます。学齢期からの支援が必要です。

支援が遅れれば、心理的なダメージは蓄積していきます。学校に行けなくなってひきこもりの状態になる人や、学校から逃れるように街へ出て、非行に走る人もいます。学校はどうにか卒業しても、社会に出てから職場に定着できず、苦しんでいる人もいます。

高校生や大学生、社会人になり、二次障害が顕著になってから対応するのでは遅いです。もっと早く、「勉強が苦手」な段階から対応を始めましょう。

## 境界知能と二次障害

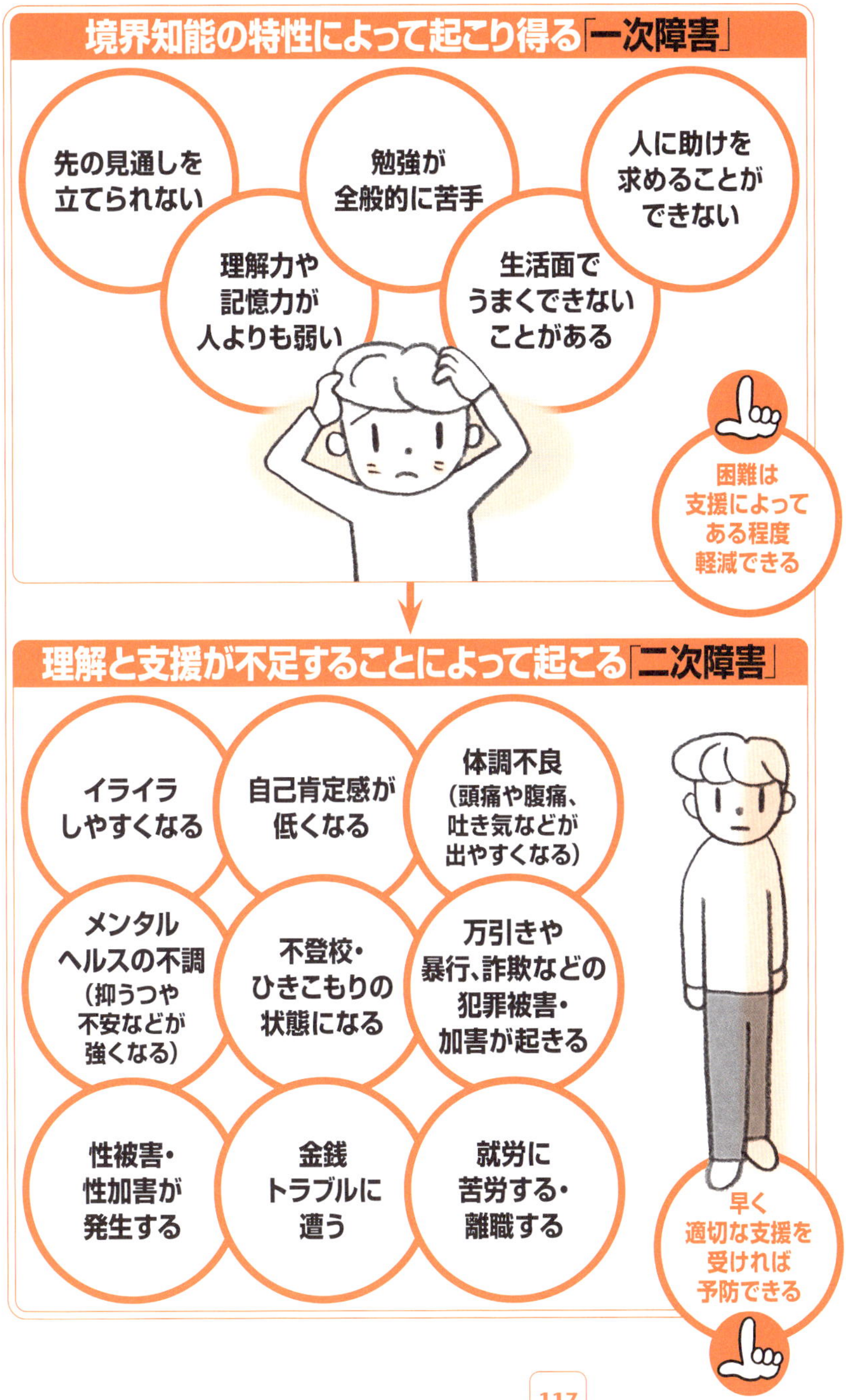
境界知能の特性によって起こり得る「一次障害」
先の見通しを立てられない
勉強が全般的に苦手
人に助けを求めることができない
理解力や記憶力が人よりも弱い
生活面でうまくできないことがある
困難は支援によってある程度軽減できる
理解と支援が不足することによって起こる「二次障害」
イライラしやすくなる
自己肯定感が低くなる
体調不良（頭痛や腹痛、吐き気などが出やすくなる）
メンタルヘルスの不調（抑うつや不安などが強くなる）
不登校・ひきこもりの状態になる
万引きや暴行、詐欺などの犯罪被害・加害が起きる
性被害・性加害が発生する
金銭トラブルに遭う
就労に苦労する・離職する
早く適切な支援を受ければ予防できる

境界知能の二次障害 1

# 成人期の見通しから フィードバックして考える

## 長期的な視点で課題を洗い出す

境界知能の人には学齢期から支援が必要です。しかし学齢期には「勉強ができない」くらいしか目立った問題がない場合もあります。その場合、親や学校の先生は「何を支援すればよいのか」と悩むかもしれません。

小・中学生の段階では問題が見えにくいかもしれませんが、長期的な見通しを立て、課題を洗い出してみましょう。境界知能の問題を子どもの段階だけで考えるのではなく、大人になってから起こり得るトラブルも含めて検討していくのです。

大人になったとき、どのような二次障害が起こる可能性があるのか。その想定からフィードバックする形で、いまから準備しておくべきことを考えてみてください。

## 成人期に金銭トラブルに遭うかも

例えば、境界知能の人は成人期に金銭トラブルに見舞われることがしばしばあります。

「先の見通しを立てられない」「計算が苦手」といった特性があるため、先々の生活費などをよく考えないで、欲しいものに大金を使ってしまうようなことがあるのです。また、「複雑な情報を理解するのが難しい」という面もあるため、マルチ商法のような話に引っかかってしまう人もいます。

成人期に深刻な金銭トラブルが発生するかもしれない。その可能性は決して低くない。そのような見通しを立てて、学齢期から支援していきましょう。

## 学齢期から予防策を講じて、練習する

**第5章**の**P106**でも解説したように、小・中学生の段階では小遣い制を活用して、お金の使い方や貯め方を教えることができます。学齢期からライフスキルを教え始めれば、成人期にはある程度のスキルが身についているでしょう。早期に予防策を講じて、時間をかけて練習していけば、二次障害が起こる可能性は低くなるはずです。

本書の**第5章**ではほかにもさまざまな「支援のポ

イント」を解説しましたが、それらはすべて将来の二次障害の予防に役立つ内容になっています。ミスが多くても、数字の理解が弱くても、適切な支援を受けながらライフスキルを身につけていけば、将来大きなトラブルに遭う可能性は低くなります。ぜひ本書を二次障害の予防に活用してください。

## 将来のトラブルからフィードバックして支援

### いまから実践できる「二次障害の予防策」

**勉強で苦手なことをサポートする**
→P098・099・100・101・107
- 失敗が軽減し、メンタルヘルスを守れる
- 不登校・ひきこもりの予防にもつながる

**時間の管理や余暇の過ごし方を教える**
→P102・108・110
- 生活の安定やストレス解消につながる
- 就労に向けた準備にもなる

**生活習慣の習得をサポートする**
→P103・104・105
- 生活の基盤ができて健康的に暮らせる
- できることが増えて自尊感情も育つ

**金銭管理を教えながらサポートもする**
→P106・107
- 将来の金銭トラブルを防げる
- 犯罪被害・加害の予防にもつながる

**無理のない人間関係の築き方を教える**
→P109・111・113
- 気の合う人や頼れる人と交流できる
- 非行や性被害・性加害の予防にもつながる

↑フィードバック

### 支援がなければ将来起こり得る「二次障害」

- イライラ
- 自己肯定感の低下
- 体調不良
- メンタルヘルスの不調
- 不登校・ひきこもり
- 万引きや暴行、詐欺などの犯罪被害・加害
- 性被害・性加害
- 金銭トラブル
- 就労の困難・離職

2 犯罪被害、加害を防ぐ

# インターネット・SNS教育、性教育をおこなう

## 犯罪被害・加害には特に注意したい

二次障害には心身の健康問題や就労の困難などさまざまなものがありますが、なかでも特に注意したいのが犯罪被害・加害の問題です。

就労がうまくいかないのもつらいものですが、心身の調子が落ち着いていれば、就労支援を受けて再度チャレンジすることもできます。

一方、犯罪に巻き込まれて大きな被害を受けた場合には、元の生活に戻るまでに長い年月を必要とすることもあります。また、加害者になってしまった場合には、罪をつぐなわなければいけません。犯罪被害・加害は人生に多大な影響を与えます。

## 問題が起きてからでは対応が遅い

小学生が勉強ができなくて悩んでいても、そのストレスでイライラしやすくなっても、深刻な問題だと考える人は多くないかもしれません。しかし、そのままでは子どもが追いつめられていく可能性がありいます。第1章の事例では、小学生時代からわずか数年後、中・高校生の時期に傷害事件や性被害が起きていました。犯罪被害・加害は遠い世界の話ではありません。目立った問題が起きてから対応するのではなく、早期に支援を始めましょう。

私は、犯罪被害・加害を防ぐためには、これまでに解説してきたライフスキルのなかに「インターネット・SNS教育」と「性教育」をおこなうことも重要だと考えています。インターネットは便利ですが、犯罪の温床になっている部分もあります。特にSNS(Social Networking Service)の使い方や注意点は早く教えたほうがよいでしょう。また、性は身近で、重要なことだからこそ丁寧に学ぶ必要がありますが、子どもは周囲の人から性知識を得ていきます。正しい知識を持っているかどうか、早めに確認する必要があります。

## 境界知能の子の相談相手になろう

第2章でも述べたように、境界知能の子は助けを求めるのが得意ではありません。困っていても周囲

の人を頼れないことが多いです。それはなぜかというと、人が話していることやその場の状況を理解できていないことが多いからです。

コミュニケーションというのは、理解と表出のキャッチボールです。話や状況を理解できなければ、自己主張もできません。いま自分がどのような状況にいて、周囲にどのような人がいるのかが理解できなければ、助けを求めることはできないのです。境界知能の子が自分から相談してくるのを待っていないで、大人のほうから声をかけ、支援をしましょう。

境界知能の子にとって、相談相手がいることが本人の安心感につながり、また、ライフスキルの習得の助けにもなります。境界知能の子を積極的にサポートし、その子の将来を守ってください。

### 発達障害との違い　理解できているように見える場合がある

ASDの子は興味の偏りがあることが多いです。性の話題にあまり興味がない子の場合、年齢のわりには性の知識が少ないということがあります。本人の話を聞いてみて、性の知識を理解できていないことがわかれば、性教育の必要性もわかります。

一方、P034でも解説した通り、境界知能の子は理解できていなくても「わかります」と言うことがあります。本人と会話をしていると、性について理解できているように見える場合があるのです。大まかな会話で済ませるのではなく、性について具体的な質問を出したりして、知識を確認しながら性教育をおこなうとよいでしょう。

## インターネット・SNS教育、性教育

### インターネット教育の必要性

- 本人がスマホを持っていなくても、インターネットにふれる機会はある
- ゲーム機にもオンライン機能がある
- 学校や地域の施設にもインターネット環境がある
- 大人の知らないうちにオンラインで交流する可能性がある
- インターネットでポルノや違法薬物、闇バイトなどを目にする子もいる

↓

**インターネット教育の本などを使って、適切な知識を早く教えたほうがよい。家庭のスマホやタブレット、パソコン、ゲーム機などの設定を確認する必要もある**

### 性教育の必要性

- 幼児や小学生でも性被害に遭うことがある
- 性に関する知識を得ることは、自分を守ることにつながる
- 親が性教育をしなくても、子どもは周囲から性に関する知識を得ていく
- 友だちの話を聞いて、根拠なく学んでしまうこともある
- 先の見通しを持てずに性行為をする子もいる

↓

**本人の年齢や理解度に応じて、性の知識を確認しながら、正しい情報を伝えていく必要がある。被害の予防だけでなく、加害者になるのを防ぐためにも早期に対応を**

# 「働くこと」が「犯罪を防ぐこと」につながる

## 自分に合う仕事が見つかれば安心する

私はずっと就労支援を専門として活動してきました。

自分に合う仕事を見つけた人は、安心して過ごせるようになります。学生時代に勉強で苦労し、不安や苛立ちを感じることが多かった人も、支援を受けて自分の特性を理解し、自分らしく働ける職場を探すなかで、気持ちが徐々に落ち着いていきます。

人間は「自分にもできることがある」と感じられれば、自暴自棄になったりはしないものです。自分の力がわかれば「こういう仕事をやってみたい」という意欲もわいてきます。私たち支援者は就労を目指す人がそのような希望を持てるように、さまざまな形でサポートをしています。

## 「働くこと」が「犯罪を防ぐこと」につながる

私は「働くこと」が「犯罪を防ぐこと」につながると考えています。

## 学生のキャリアに格差ができている

いま日本では、多くの子どもが高校や大学に進学できるようになりましたが、学生の間に格差ができているように感じます。

一方には、小・中学生の頃からよく勉強をして学力を伸ばし、成績上位の高校や大学に進む人たちがいます。その人たちのなかには学生時代から将来の仕事を検討して、インターン活動などをする人もいます。就労に向けて、早く準備を始める人もいるのです。

もう一方には、勉強ができなくて苦労しながらも、高校や大学に行く人がいます。そのなかには授業についていくだけで精一杯で、卒業後のことまで考えている余裕はないという人もいます。本書で述べてきたように、高校や大学を卒業したあと就労で困ってしまう人がいるのです。私はそういう人たちの就労支援をおこなっていて、もっと早く支援をするべきだと感じました。そこで今回、この本をつくったわけです。

自分の能力を生かして活躍できる居場所が見つかれば、不安やストレスはやわらいでいくでしょう。失敗してフラストレーションを溜めたり、自信を失ったり、自分を傷つけたり、ほかの誰かに怒りをぶつけたりすることは減っていくのではないでしょうか。

居場所があり、相談相手がいれば、犯罪に巻き込まれる可能性も低くなるはずです。わからないことを相談できる人は、間違った行動や犯罪に手を染める前に、一歩とどまることができます。反対に、わからないまま話を進める人は、周囲の人から指示された通りの行動をとってしまうことがあります。その結果、特殊詐欺の片棒を担いでしまうような状況になる人もいるのです。だからこそ、援助要求スキルが重要になるわけです。

私は誰かの就労支援をすることが、その人の人生を守ることにもつながると考えて、長年仕事をしてきました。みなさんにもこの本を使って、境界知能の子どもや大人を支援し、その人を守ってほしいと思います。

境界知能の子の話を聞くことが、その子の援助要求スキルを育てることにつながる。それは就労に向けた準備、そして犯罪を防ぐことにもつながっている
自分で考えなさい

# おわりに
# 教育も就労も、楽しさがなければいけない

## 就労支援は「心のリハビリ」になる

障害のある人への就労支援を「職業リハビリテーション」とも言います。就労を支援することは、その人の社会参加を助けることにもつながり、生活全体のリハビリにもなるからです。リハビリテーションというと、医療的なリハビリをイメージする人が多いかもしれませんが、リハビリには医療、職業、教育、社会などさまざまな領域があります。

私は、就労支援というのは「心のリハビリ」にもなると考えています。人間は、働くことによって自分が必要とされ、自分は役に立つのだと感じると、達成感や満足感、自信を持つことができます。それは、勉強ができなくていつも叱責され、自信を持てずに過ごしてきた人にとって、心を回復するプロセス、心のリハビリになるのではないでしょうか。

## 本人がやりがいを持って働けるように

私は教育も就労も、どこかに楽しさがなければいけないと思っています。遊んでいてよいわけではないのですが、一方で、楽しさがまったくないというのもいけません。楽しい勉強や楽しい仕事にはやりがいがあります。それに対して取り組むこと、努力することは自分自身に満足感を覚えることができます。そして、そうした様子は、まわりの人からも評価されます。

就労支援では、本人がやりがいを持って働けるようにサポートすることが大事です。働きたいと思っている人がやりがいのある仕事を見つけたら、本人も幸せになりますが、家族や学校の先生も、支援者も幸せになります。私は、全員が幸せになるような就労支援をしたいと思って、この仕事をしてきました。

## 子どもにはやりがいを持てる学習環境を

勉強も同じです。レベルの合わない勉強にはついていけません。境界知能の子どもが理解できる勉強、やりがいを感じられるような勉強が必ずあります。学習することによって知らないことを理解し、でき

ることが増えていくのを楽しいと感じられる。そういう学習環境を整えることが、教育支援になるのではないでしょうか。

勉強が苦手で困っている子どもがいたら、「勉強ができないだけ」と思って放っておくのではなく、その子の特性を理解し、その子がやりがいを持てる学習環境を整えていきましょう。それが本人の幸せ、家族の幸せ、教育者の幸せにつながります。全員が幸せになる支援を目指して、この本を使っていただければ嬉しく思います。

**2024年9月**

**梅永雄二**

## 文献紹介


P055［*1］

**Peltopuro, Minna**
*"Borderline Intellectual Functioning, Exploring the Invisible",*
**Jyväskylä: University of Jyväskylä, 2022, p.68.**

P056［*2］

**Luis Salvador-Carulla, Juan Carlos García-Gutiérrez and others,**
*"Borderline Intellectual Functioning, Consensus and good practice guideline",*
**Rev Psiquiatr Salud Ment, 2013, 6(3), pp.109-120.**

**S. Roording-Ragetlie, M. Spaltman and others,**
*"Working memory training in children with borderline intellectual functioning and neuropsychiatric disorders:, a triple-blind randomised controlled trial",*
**Journal of Intellectual Disability Research, 66,(1-2), pp.178–194.**

**Jannelien Wieland & Frans G. Zitman,**
*"It is time to bring borderline intellectual functioning back into the main fold of classification systems",*
**BJ Psych Bulletin, 2016, 40, pp.204-206.**

**著者紹介**


# 梅永雄二

うめなが・ゆうじ

早稲田大学 教育・総合科学学術院 教育心理学専修 教授。


専門分野は、発達障害臨床心理学、自閉スペクトラム症、キャリア教育、就労アセスメント、TEACCH Autism Program、職業リハビリテーション、特別支援教育。

障害者職業カウンセラーとして地域障害者職業センターに長年従事してから、障害者職業総合センター研究員、明星大学、宇都宮大学の教員を経て、現在に至る。

主に自閉症を中心とする発達障害児者の社会参加・職業的自立に関する研究をおこなっており、米国ノースカロライナ大学TEACCHプログラムにおける構造化による支援を推進している。

各自治体での発達障害に関する教育支援や就労支援のプログラムの委員として指導・協力、年20〜30回ほどは関連する講演で全国を回っている。

著書に『15歳までに始めたい！ 発達障害の子のライフスキル・トレーニング』、『発達障害の人の「就労支援」がわかる本』（共に講談社）、『こんなサポートがあれば！』3巻シリーズ（エンパワメント研究所）など多数。

# 教師、支援者、親のための境界知能の人の特性と支援がわかる本

2024年10月23日発行

著者
梅永雄二

発行者
荘村明彦

発行所
中央法規出版株式会社
〒110-0016 東京都台東区台東3-29-1 中央法規ビル TEL 03-6387-3196 https://www.chuohoki.co.jp/

編集協力
石川智

印刷・製本
新津印刷株式会社

本文デザイン
KUSAKAHOUSE

イラストレーション
小峯聡子

装幀
日下充典

定価はカバーに表示してあります。
ISBN978-4-8243-0129-1


本書の内容に関するご質問については、左記URLから「お問い合わせフォーム」にご入力いただきますようお願いいたします。
https://www.chuohoki.co.jp/contact/

A129